Gercke, **So sind die Bienen**

Achim Gercke

So sind die Bienen

Handreichung
für Imker und ihre Nachbarn,
für Behörden, und für jeden,
der sich ein sachgerechtes Urteil
bilden will

DELTA-VERLAG GMBH · ST. AUGUSTIN 3

Zum Titelbild: Biene befliegt Sauerkirschblüte

Foto: G. Hagemann, Eldagsen

1. Auflage

18 Vierfarbige Abbildungen
18 Schwarzweiß-Abbildungen

ISBN 3-922898-01-7

Satz und Druck: Bonner Universitäts-Buchdruckerei, Bonn
Gesamtherstellung: Martin Buske, St. Augustin 3
Redaktion: Friedrich Buske, Bonn
Printed in Germany 1981

Einleitung

Die Honigbiene ist ein merkwürdiges Tier. Man kann sie nur selten in einem zoologischen Garten antreffen, aber sie wird von den Imkern wie ein Haustier gehalten. Sie ernährt sich wie ein wildes Tier vom natürlichen Nahrungsangebot, ohne in unserer Landschaft noch wild existieren zu können.

Man weiß Erstaunliches über die Wunderwelt der Bienen zu berichten und rühmt ihren Fleiß, ihren Nutzen, den Honig und ihre Fähigkeit, sich untereinander zu verständigen. Man fragt sich aber, ob es recht sei, sie in der Nachbarschaft dulden zu müssen, wenn sie stechen. Ist die Angst vor den Bienen nicht begründet?

Bei einiger Bemühung, dem Geheimnis des Bienenlebens auf die Spur zu kommen und es besser zu verstehen, gelingt es, die Spielregeln im Umgang mit ihnen zu erfahren und anzuwenden. Die Beachtung der Naturgesetze hat Vorrang, wenn man über das Lebensrecht der Honigbiene und die Erfordernisse der Bienenhaltung urteilen will.

Imkerei

Der Imker ist so friedlich wie
die kleine Biene — kennst Du sie?
Nicht schlagen, wenn sie emsig summt,
bleib' ruhig, wenn der Imker brummt.
Darfst beiden nicht die Ruhe stör'n,
und schimpfen mögen sie nicht hör'n.

Wer Honig schleckt, sei dankbereit
für diese schöne Köstlichkeit!
Und wo bringt man sein „danke" an?
Beim Bienchen und beim Imkersmann,
weil ohne sie kein Honig wär'
und ohne ihn die Körbe leer.

Auch Nachbars Obst setzt reichlich an.
Den Bienen er's verdanken kann.
Der Allgemeinheit nützet halt
der Bienenstand in Flur und Wald.
Drum laßt bestehen, wo's auch sei,
die lobenswerte Imkerei!

Bienenschwarm

I. Teil

So sind die Bienen

Das Geheimnis des Bienenlebens

Für die Verhaltensforschung, die ihre Beobachtungen an den verschiedensten Tierarten anstellt, spielt nach wie vor die Honigbiene eine besondere Rolle, denn sie unterscheidet sich in ihrer Lebensweise auffallend von der Mehrzahl der Tiere. Sie lebt nämlich nur in Ansammlungen (Kolonien) von Tausenden von Einzelwesen. Ein Bienenvolk umfaßt etwa 60 000 Bienen, eine einzige Königin und einige hundert Drohnen.

Man nennt die Bienen deshalb staatenbildende Insekten.

Soviel man heute bereits über die Lebensvorgänge im Bienenvolk weiß — bis hin zu der Verständigung der Bienen untereinander: Das Bienenleben stellt noch immer ein kaum gelüftetes Geheimnis dar. Wenn nämlich Abertausende von Einzelwesen in enger Berührung friedlich miteinander leben können, so ist dies ein schier unglaublicher und höchst rätselhafter Vorgang. Er ist um so seltsamer, als Tiere sich sonst in ihrer Gruppe nur einer Ordnung unterwerfen, zu der sie der stärkste und kräftigste Artgenosse zwingt. Die Bienen besitzen jedoch offensichtlich die Fähigkeit, sich ohne Zwang in eine natürliche Ordnung einzufügen, die nicht von einem Machtwillen abhängt.

Zwar wird die altersschwache oder leistungsunfähige Königin beseitigt und ersetzt, auch kann ein Kampf zwischen mehreren Königinnen stattfinden, doch hält die Königin die Bienengesellschaft nicht durch ihr Verhalten in Schach. Umgekehrt geht auch nicht alle Macht vom Volke aus. Auch das ist oft genug vermutet worden, solange man nicht die Frage beantworten konnte, von welchen Kräften die Bienengemeinschaft gesteuert wird. Sicherlich sind solche Stoffe daran beteiligt, die auch sonst das organische Leben lenken und beeinflussen. Doch, wie können diese im Bienenvolk wirksam werden, wenn sie sich im Zusammenleben anderer Tiere als ungenügend erweisen, den inneren Frieden herzustellen und aufrechtzuerhalten? Was ist die Ursache für diese ungewöhnliche Wirkung?

Bemerkenswert ist, warum viele Bemühungen scheitern mußten, den Schleier des Geheimnisses zu lüften.

Der sogenannte „Bienenstaat“

Bevor ernsthafte Anstrengungen gemacht wurden, die natürlichen Vorgänge unvoreingenommen wissenschaftlich zu ergründen, suchte man dem tierischen Verhalten Willensäußerungen zu unterstellen, den menschlichen vergleichbar. Man vermutete, daß die Bienen in ihrem friedlichen Zusammenleben eine Lebensform gefunden hätten, die einer staatlichen Organisation entspräche. Daraus leitete man die Meinung ab, daß die Natur eine Lehrmeisterin sei, die nachahmenswerte Vorbilder liefern könnte.

Ein vortreffliches Beispiel dafür ist ein Gedicht des Preußenkönigs FRIEDRICH des Großen:

Natur ist reich an Wundern für uns beide;
oft sind die Bienen unsre Augenweide.
Oh, Schwester, welche Lust, ihr Werk zu sehn,
wie sie im Blumenkelch nach Beute spähn,
wie ihr geteiltes Wirken und ihr Fleiß
das ganze Völkchen reich zu machen weiß!
Sie schaffen füreinander, alle haben
den gleichen Teil an ihren Honigwaben.
Warum befolgen wir ihr Beispiel nicht?

Erröten müßten wir, so oft wir sie
in höchster Ordnung, reinster Harmonie
erfüllen sehn die allgemeine Pflicht.
Ihr Staat ist unsern Staaten weit voraus!
Nicht eine ist so stolz und aufgesteigert;
Dünkel und Eigennutz sind fremd im Haus.
Oh Menschenweisheit, aufgeblähter Wahn!
Wie tief dich selbst ein Tier beschämen kann.

Bei solcher Einstellung zur Tierwelt stand sich der Mensch nicht nur mit seinen moralischen Wertvorstellungen selbst im Lichte.

Ein langer Weg mußte zurückgelegt werden, um die vorgefaßte Meinung durch das Ergebnis von Beobachtungen zu ersetzen. Doch auch die so gewonnenen Erkenntnisse verhinderten nicht, die Bienengesellschaft ihrem Wesen nach vordergründig als soziale Gemeinschaft aufzufassen. Das führte zu einer überraschenden Kehrtwendung in der Bewertung der Insektenstaaten, der Bienen, Wespen, Hummeln, Ameisen und Termiten, indem man diese wieder mit den sozialen Verhältnissen der menschlichen Gesellschaft verglich.

Das hat Adolf REMANE (*Das soziale Leben der Tiere:* rororo 1960) sehr deutlich zum Ausdruck gebracht:

Die Sozialsysteme der Insekten beruhen auf völliger Ausrichtung des Einzelwesens auf das Staatsinteresse. Es gibt für das Einzelwesen kein Eigenheim, kein Privateigentum, keinen persönlichen Betätigungs- und Gestaltungsraum. Es gibt daher auch kein Spiel, keinen Sport, aber auch keine Revolte, keine Parteien. Das Einzelwesen ist ein Rädchen im Staatsgetriebe, das genauso arbeitet, wie es die Erhaltung des Staates erfordert. Die Insektenstaaten sind nahezu vollendete funktionelle Ordnungen. Die Tätigkeiten erfolgen nicht auf Befehle und Anordnungen, sie richten sich nicht *nach Vorbildern oder Ideen, sondern geschehen aus einem angeborenen „Wissen" um die Staatsnotwendigkeiten und aus angeborenen Trieben zur Erfüllung der Staatspflichten. Die Bürger des Insektenstaates tun also „sponte sua" *) das Richtige, so wie sie einst für das goldene Zeitalter gefordert wurde ... Es gibt im Reiche des Insektenstaates keine Fürsorge für das individuelle Leben, keine Hilfe bei Krankheit, keinen Arbeitsschutz, keine Altersfürsorge. Wer dem Staate nicht mehr dient, wie z. B. die Drohnen nach der Fortpflanzungsperiode, wird ausgestoßen ... Es gibt keine Verwaltung, keinen Herrscher, keinen Rang ...*

Die vielen Negationen in dieser Betrachtung werden noch dadurch verstärkt, daß Bilder aus der Mechanik (Rädchen im Staatsgefüge) benutzt werden, und der Verfasser die Staatsidee weitgehend mit der Verwirklichung eines modernen Fürsorgesystems gleichsetzt. So verständlich und wünschenswert es auch sein mag, von dem hinkenden Vergleich zwischen dem Insektenstaat und dem Fürsorgestaat loszukommen, so führt doch diese Art der Betrachtung im Grunde keinen Schritt weiter. Die Kernfrage bleibt unerörtert. Was ist die Bienengemeinschaft denn eigentlich? Womit läßt sie sich überhaupt vergleichen? Mit anderen Worten: Unter welchem Begriff läßt sich die Fülle der Erkenntnisse über das Bienenleben sinnvoll zusammenfassen?

Soziale Gruppe oder sozialer Organismus?

Tiergesellschaften werden wegen der gegenseitigen Verständigung ihrer Mitglieder als soziale Gruppen verstanden, ob sie nun in Familien, Horden, Herden, Rudeln, Ketten, Zügen, Haufen oder Schwärmen auftreten. Die kleinste Gruppe

*) = von selbst, aus eigenem Antrieb

ist die Familie; zu den umfangreichsten Tiergesellschaften zählen die der Vögel. Das Ende dieser Reihe bilden die staatenbildenden Insekten: Bienen, Ameisen und Termiten.

Die Verständigung kann durch die verschiedensten Signale erfolgen: optische, akustische, chemische und durch Berührung. So verständigen sich die Bienen durch Tänze auf der Wabe über die Nahrungsquellen und sind in der Lage, Richtung und Entfernung anzugeben. Ebenfalls lenken Kundschafter durch Tänze den Schwarm dorthin, wo er seine dauernde Bleibe findet. Hauptsächlich duftende Stoffe steuern die zahlreichen Vorgänge in der Bienengemeinschaft.

Die Erkenntnisse über die Kräfte, die im Bienenstock wirksam sind, werden laufend erweitert. Dabei bleibt meist die Frage unerörtert, ob die Verständigungsmöglichkeiten der Honigbiene den engen Zusammenhang des sogenannten Bienenstaates erklären können. Es kann nicht ausgeschlossen werden, daß das ständige Zusammenleben der Bienen grundlegende Veränderungen gebracht hat, die zur existenzbedingenden Zugehörigkeit der Bienen zu ihrer Gemeinschaft führten. Diesen Gedanken hat Pfarrer Ferdinand GERSTUNG aufgegriffen, indem er das Bienenvolk als einen Organismus beschrieb. Darüber berichtet Rudolf JACOBI in *„Das Imker ABC“* (1949):

„Der Bien. Im Sprachgebrauch unserer Altvordern, soweit sie sich mit Bienenzucht abgaben, war die Bezeichnung „der Bien" für das ganze Bienenvolk gang und gäbe. Man sah das Bienenvolk oder den Stock als eine Einheit, als einen Körper, kurz als einheitliches Lebewesen an und fühlte damit instinktiv das Richtige. Denn tatsächlich ist das Bienenvolk eine organische Einheit, die sich zwar aus vielen Tausenden von Lebewesen zusammensetzt, deren Zusammengehörigkeit aber doch so eng ist, daß man vom Bien als von einem Gesamtorganismus sprechen kann. Das einzelne Lebewe-

sen, gleichgültig ob es sich um die Arbeitsbiene, die Königin oder um die Drohnen handelt, sind lebensunfähig, wenn sie auf sich allein gestellt sind. Würde man das Bienenvolk so zerlegen, daß alle drei Bienenwesen für sich allein leben müßten, so würden Königin und Drohnen in aller Kürze und die Arbeiterinnen in etwas längerer Zeit zugrunde gehen, das Bienenvolk als solches tot sein."

Diese Hypothese konnte schon deshalb wissenschaftlich nicht bestätigt werden, weil sie falsch begründet wurde. An ihr entzündete sich in der Vergangenheit ein heftiger Überzeugungsstreit, der bis heute endgültig nicht entschieden ist. Die Frage nämlich, ob der sogenannte Bienenstaat seinem Wesen nach eine auf Verständigung beruhende Tiergesellschaft ist oder ob die Evolution ein lebendiges Ganzes hervorgebracht hat, ist schwierig zu beurteilen und deshalb weitgehend Ansichtssache. Über beide Auffassungen wird man diskutieren können.

Weil die Forschung klärt, wie das Zusammenleben der Bienen geschieht und welche Kräfte dabei wirksam sind, leitet man daraus Vorstellungen ab, die von der Annahme ausgehen, daß der nicht erforschte Bereich in ähnlicher Weise aufgeklärt werden kann. Andere dagegen versuchen die Erscheinungen als Lebensäußerungen des Bienenvolkes zu begreifen, insbesondere, soweit sie sich vom Verhalten der einzelnen Bienen unterscheiden. So spricht man von einem sozialen Organismus oder Überorganismus. Seine Eigenart scheint darin zu bestehen, daß die Teilnehmer an der Gemeinschaft als Teile des Körpers des Organismus mit ihren Organen den Organismus bilden. Demgegenüber steht die Auffassung, daß die Natur eine Lebensform der Honigbiene entwickelt hat, um einen Gipfelpunkt der Evolution so stabil wie möglich zu erhalten. In diesem Konflikt wird das Geheimnis des Bienenlebens angesprochen.

Die Frage, wie Leben beginnt, wird ebenso uneinheitlich beantwortet werden, wie die, wann es endet. Auch wird es offen bleiben, welche Grenzen der Evolution gesteckt sind.

Zum Verständnis der Bienen trägt es sicherlich bei, in der Vielfalt die Einheit nicht zu übersehen und die Lebensäußerungen des Bienenstocks zur Kenntnis zu nehmen, insbesondere, wie er sich ernährt, die Nahrungsstoffe in seinem Körper verwertet, den Lebenskampf besteht und sich fortpflanzt. Dabei wird man berücksichtigen müssen, daß manche Vorgänge durch die Verständigung der Bienen untereinander und durch Instinkt und Vererbung erklärt werden können.

Das Wesen des Bienenstocks

Das Wort **Bienenstock** soll für die Bienengemeinschaft verwendet werden, um von Benennungen abzukommen, die mit unzutreffenden Vorstellungen verbunden sind, wie Bienenstaat oder Bienenvolk. Auch sollen Bienengemeinschaft, Bienengesellschaft oder der Bien vermieden werden, um einen neutralen Begriff benutzen zu können. Wenn bei dem keineswegs ungebräuchlichen Wort Bienenstock die Behausung mit anklingt, wie sie in den Wortverbindungen Stockbienen, Stockgeruch, Stockmutter und Stocknässe vorkommen, so ist das nicht verkehrt, weil es sich nicht darum handelt, den unnatürlichen Zustand eines nackten Volkes zu beschreiben. Als nacktes Volk bezeichnet man die von den Waben abgefegten Bienen. Der Lebenswirklichkeit entspricht, daß die Bienen in ihrer Behausung auf dem Wabenwerk sitzen. Im übrigen wird das Wort „Stock" bei tierischen und pflanzlichen Gebilden verwendet, wie die Begriffe „Korallenstock" und „Wurzelstock" zeigen.

Zahlreiche Insektenarten verlassen nur kurzfristig ihr Nest, in dem sie aufgewachsen sind. Das trifft auch für die Bienen zu, die ihre Höhle oder Beute als Lebensstätte benutzen. Die Flugbienen entfernen sich vom Bienenstock nur zur Nahrungssuche und zum Abwurf der Verdauungsrückstände, die Königin und die Drohnen nur beim Begattungsflug. Der Unterschied der Bienen zu anderen Insekten tritt dadurch in Erscheinung, daß sich der Bienenstock im Herbst nicht auflöst, wie es z. B. bei den Wespen geschieht. Er übersteht vielmehr den Winter und lebt von Jahr zu Jahr weiter. Er bringt es unter anderem dadurch zustande, daß die im Spätsommer und Herbst erzeugten sogenannten „Winterbienen“ während der Winterruhe eine verlängerte Lebensdauer haben, die bis ins Frühjahr reicht.

Man kann die Lebensdauer des Bienenstocks nicht begrenzen oder mit der Lebensdauer eines seiner Teile gleichsetzen, denn er erneuert sich ständig. Zwar kann er verhungern oder durch Verlust der Königin eingehen, wenn er keine Ersatzkönigin hervorbringen kann, aber seine natürliche Lebenserwartung ist unbegrenzt. Darauf gründet sich die Auffassung, daß er ein lebendiges Ganzes ist und die Evolution ihm eine Überlebensmöglichkeit eröffnet hat, die nicht von der Lebensdauer der Königin abhängt.

Die Lebenserwartung

Die drei Formen, die sogenannten Kasten, in der die Honigbiene auftritt (Arbeitsbienen, Königin, Drohnen), haben eine unterschiedliche Entwicklung und Lebenserwartung. Aus dem Ei, das die Königin legt, geht eine Made hervor, die die Bienen füttern, bis sie sich verpuppt. Das fertige Insekt schlüpft, indem es sich aus der verdeckelten Zelle befreit.

Die *Arbeitsbiene* benötigt 21 Tage bis zur Schlüpfreife. Etwa 21 Tage dauert dann ihre Weiterentwicklung als Stockbiene. Die letzten 21 Tage ihres Lebens betätigt sie sich als Flugbiene. Ihr normaler Tod tritt als Folge der Anstrengungen ihrer Sammeltätigkeit ein. Lediglich die sogenannten Winterbienen, die im Spätsommer und Herbst mit eiweißreicherer Nahrung aufgezogen werden, können 1/2 Jahr, nämlich den Winter, überdauern.

Anders die *Drohnen.* Sie brauchen 23 Tage bis zum Schlüpfen und leben, bis sie eine Königin begattet haben. Gegen Ende Juli gehen auch die noch im Stock verbliebenen Drohnen zugrunde, weil die Bienen sie verjagen und aus dem Stock vertreiben.

Die *Königin* entwickelt sich im Laufe von 18 Tagen. Sie hat eine Lebenserwartung von 4—5 Jahren, die sie allerdings selten erreicht. Wenn nämlich ihr Samenvorrat nicht mehr ausreicht, sie also vorzeitig alt wird und verbraucht ist, zieht sich der Bienenstock eine neue Königin heran.

Im Gegensatz zum Sterben und Vergehen seiner einzelnen Glieder besitzt der **Bienenstock** eine unbegrenzte Lebenserwartung. Er ist gewissermaßen unsterblich, weil er nicht altert, nicht altern kann. Die Zahl der Arbeitsbienen ergänzt sich im Laufe der warmen Jahreszeit fortwährend; Drohnen entwickeln sich in jedem Jahr neu. Die Erneuerung der Königin vollzieht sich dadurch, daß ein Schwarm mit der alten Königin abzieht oder durch die sogenannte „stille Umweiselung“ (Aufzucht ohne Schwarmbildung). Ein natürlicher Alterstod kann also das Leben des Bienenstocks nicht beenden.

Die Ordnung im Bienenstock

Vom Ende des Monat Juli an bis in den April hinein lebt im Bienenstock eine einzige Königin und die große Schar der von ihr abstammenden Arbeitsbienen. Diese Gemeinschaft stellt keinen wirren Haufen, keine ungeordnete Anhäufung von vielen Einzelwesen dar, sondern weist eine natürliche Ordnung auf. Je nach dem Zustand ihrer körperlichen Entwicklung erzeugen die Bienen bestimmte Stoffe. Zwei bis drei Tage nach dem Schlüpfen sondern die Jungbienen Drüsensekrete ab, die sie zur Ernährung der Maden verwenden; sie werden Ammenbienen. Nach zehn Tagen ihres Daseins haben sich die Wachsdrüsen voll entwickelt. So werden sie von dieser Zeit an Baubienen, die die Waben herstellen. Diese natürliche Ordnung wird auch dadurch gelenkt, daß mit der Wachsproduktion die Absonderungen der Kopf-Drüsensekrete bei den Jungbienen zurückgehen.

Während der Zeit, in der sich der Bienenstock keine Nahrung zuführen kann, insbesondere in den Wintermonaten, nimmt die Produktion dieser im Körper der Bienen gebildeten Stoffe ab, die Aufzucht von Maden und der Wabenbau hören allmählich auf. Die Bienen zehren nur noch vom Honigvorrat, um sich selbst zu ernähren und den Wärmehaushalt zu regulieren. Auf diese Weise kann der Bienenstock die Zeit der Winterruhe überstehen, weil die Leistung der Bienen auf ein Minimum absinkt.

Erst im Frühjahr kommen die schlummernden Triebe und Betägigungen allmählich wieder in Gang. Die Königin tritt wieder in Eiablage, das zunächst kleine Brutnest wächst und der Bienenstock sorgt in einer langen Vorbereitungszeit, daß die abgängigen Altbienen durch junge ersetzt werden.

Wenn Pollen aus Haselnuß und Weide eingetragen werden und frühblühende Pflanzen Blütensaft hergeben, vermehrt sich die Zahl der Bienen und strebt dem Höhepunkt der Entfaltung zu. Jetzt kommt der Wabenbau in Gang, und bald werden Drohnenwaben hergestellt, damit die Königin unbefruchtete Eier in sie legen kann, aus denen sich in diesen größeren Zellen Drohnen entwickeln. Sie sollen zur Befruchtung der Jungköniginnen zur Verfügung stehen. Erst dann, wenn neben den Arbeitsbienen auch noch Drohnen vorhanden sind und der Bienenstock seinen Höhepunkt erreicht hat, können Weiselzellen entstehen, in denen sich die Maden entwickeln und verpuppen, aus denen die voll entwikkelten Weibchen, die Königinnen, hervorgehen.

Diese Ordnung im Bienenstock zeigt den Unterschied zu Tiergesellschaften, die durch den Willen eines der Mitglieder gelenkt werden. Wegen der Aufzucht der Nachkommenschaft scheint der Bienenstock seiner entwicklungsgeschichtlichen Herkunft nach eine Familie zu sein. Die Stockmutter lebt mitten in ihrer Nachkommenschaft. Somit müßten die umfangreichsten Tiergesellschaften das gleiche Ordnungsprinzip aufweisen, wie es in den kleinsten, den Familien, herrscht.

Wachstum und Fortpflanzung

Man bezeichnet die Insektenstaaten der Hummeln, Wespen, Hornissen, Bienen, Ameisen und Termiten als Mutterfamilien, weil allein die Stockmutter mit der Nachfolgegeneration zusammenlebt. Diese Deutung der Verhältnisse verwischt allerdings die fundamentalen Unterschiede in der Nachkommenschaft. Die Arbeitsbienen stellen keine echte Generation dar, auf die eine weitere Generation folgen kann, sondern eine unfruchtbare Endstufe. Nur die vollausgebildeten Weibchen bilden die Nachfolgegeneration. Diese Feststellung ist vor allem für die Beurteilung des Bienenstocks von wesentlicher Bedeutung, denn in ihm lebt zu keiner Zeit die Stockmutter mit ihren echten Töchtern zusammen, sondern das Erscheinen einer jungen Königin verdrängt die alte Stockmutter. Hier paßt das Bild von der Familie nicht mehr, die Familie platzt auseinander. Offenbar hat sich bei dem letzten Schritt der Evolution etwas wesentliches geändert. Der Bienenstock teilt sich.

Die befruchteten Eier der Königin dienen zur Erfüllung von zwei gänzlich verschiedenen Lebensbedürfnissen. Auf der einen Seite wächst durch die Aufzucht von Arbeiterinnen das Gebilde, das man als „Insektenstaat" bezeichnet. Zum anderen werden sie zur Heranbildung von Königinnen, also zur

Fortpflanzung, benötigt. Insoweit gleichen sich alle staatenbildenden Insekten. Bei den meisten wird im Herbst der Staat aufgelöst, nur die Ameisenkolonien und die Bienenstöcke überleben. Die Ameisen gründen aber durch die das Nest verlassenden Jungköniginnen, wie die anderen, neue Kolonien. Nur der Bienenstock kennt die Fortpflanzung durch Teilung.

Die Hälfte, wenn nicht gar $^2/_3$ der Bienen aller Altersstufen, Flugbienen und Stockbienen, bilden einen Schwarm, der mit der Stockmutter die Behausung verläßt, um sich eine neue Unterkunft zu suchen. Damit erweist sich das Etikett „Mutterfamilie" für den Bienenstock als nicht ausreichend. Das Geheimnis des Bienenlebens offenbart sich im Schwarm. Er durchbricht alle naheliegenden Vergleiche, weil er auf eine unvergleichliche Art entsteht, nämlich durch Teilung, nicht durch Zeugung, nicht durch Entwicklung aus einem Keim, sondern durch einen Akt der Loslösung. Das sogenannte „Schwarmfieber" ergreift den ganzen Bienenstock. Wochenlang bereitet er sich darauf vor. Es ist ein Vorgang, bei dem nicht lediglich Begleitbienen mit der Königin abfliegen, sondern es geht um die Bildung eines Ablegers, der über Flugbienen und Stockbienen, Ammenbienen und Baubienen in der notwendigen Menge verfügen muß. Die sonst unbedingt geltende Lebensgewohnheit der Standortgebundenheit des Bienenstocks wird aufgegeben, und diese Stufe der Evolution wiederholt sich jedesmal, wenn ein Schwarm abfliegt.

Solches Verhalten des Bienenstocks zeugt von einer Lebensnotwendigkeit, die stärker ist als Hunger und Geborgenheit, mächtiger als die Befriedigung anderer Triebe, als das Bedürfnis, für Nahrung zu sorgen, Wabenbau und Brutpflege zu betreiben. Die Königin hört mit der Eierproduktion auf. Der ganze Bienenstock stellt sich um auf die Entbindung des Schwarms. Ein Rätsel bleibt dieser Vorgang, wenn man ihn nicht als natürlichen Erhaltungstrieb des Bienenstocks sehen will.

Der Bienenschwarm wird als die auffälligste und zugleich erstaunlichste Lebensäußerung des Bienenstocks gelten müssen, als unverwechselbares Kennzeichen der Honigbiene. Allein das Schwärmen der Bienen bestimmte einst die Betriebsweise der Korbbienenzucht und stellt für den wirtschaftlichen Erfolg der modernen Imkerei eines der schwierigsten Probleme dar, das durch Verhindern des Schwärmens und durch Königinnenzucht nur unvollkommen gemeistert werden kann. Selbst die rechtliche Bewertung der Eigentumsverhältnisse mußte dem Bienenschwarm eine Sonderstellung einräumen. Abgesehen davon, daß die Begegnung mit einem Schwarm stets ein eindrucksvolles und aufregendes Ereignis ist, scheint die Tatsache, daß die alte Königin auszieht und der jungen Königin Beute, Bau und Honigvorrat überläßt, beinahe unglaubhaft, weil sonst in der Tierwelt, auch bei den Insekten, die Jungen ihr Nest verlassen, um später neue Familien zu gründen und ein eigenes Nest aufzubauen.

Mit dem Schwarm hat es eben seine besondere Bewandnis. Durch ihn wird das Entstehen eines weiteren Bienenstockes erreicht. Der Schwarm dient dabei dem Überleben der Stockmutter. Sie wird nicht abgestoßen und ist keineswegs entbehrlich, sondern verwirklicht die Notwendigkeit, daß der Bienenstock sich durch Ableger vermehrt. Anders wäre die Arterhaltung nicht gesichert. Somit führt die Beurteilung des Schwarmgeschehens zum Verständnis des Bienenlebens. Die Lösung der mit ihm verbundenen Rätsel vermag den Schleier des Geheimnisses zu lüften.

Eine bis in die jüngste Zeit vertretene Lehrmeinung schloß die vegetative Fortpflanzung (Ablegerbildung) bei der Honigbiene aus. Sie mußte deshalb den Schwarm anders beurteilen und erklärte: Der Schwarm dient der Königinnenerneuerung. Weil aber auch ohne Schwarm eine neue Königin im Bienenstock nachgezogen werden kann, nämlich durch die sogenannte „stille Umweiselung“, stimmt diese Aussage nicht. Der Schwarm dient der Erhaltung der Stockmutter und ist die einzige Möglichkeit für die Honigbiene, einen Ableger zu bilden. An dieser Tatsache gibt es nichts zu deuteln.

Außerdem dient der Schwarm dem Auffinden einer geeigneten Behausung. Diese muß genügend Platz für die Entfaltung des Bienenstocks bieten, muß einen möglichst kleinen Zugang (Flugloch) haben und in einer Höhle, z. B. im hohlen Baum, gefunden werden, um eine Abwehr gegen Feinde und Eindringlinge möglich zu machen. Die Zahl der Feinde hat sich für die Honigbiene vermehrt, weil sie Honig speichert. Die Höhle muß also ein Versteck sein, in dem sich der Bienenstock verkriechen und ungestört leben kann.

Der Grund, weshalb man die Ablegerbildung nicht sehen und anerkennen wollte, liegt mit daran, daß man glaubt, die den Schwarm fördernden Vorgänge, wie Raumnot, Mangelzeiten, überreiche Pollentracht, Standortbedingungen, Alter der Stockmutter, für die Ursache des Schwärmens halten zu dürfen. Vor allem die Fehleinschätzung des Schwarmtriebes als Schwarmlust überdeckte das Erkennen seiner Notwendigkeit. Zum Überleben des Bienenstocks genügt nicht die Königinnenerneuerung, sondern es muß, wie bei allen staatenbildenden Insekten, die Neugründung von Gebilden gleicher Art erfolgen. Bei der Honigbiene geschieht dies abweichend durch Ablegerbildung.

Ein weiterer Grund scheint der zu sein, daß es geradezu eine Zumutung sein kann, in einer von vielen Tausenden von Bienen wimmelnden Ansammlung ein Lebewesen zu sehen, das sich ernährt und fortpflanzt, den Bienenstock als Geschöpf der Evolution zu erkennen. Doch in dieser Zumutung besteht der Zugang zum Verständnis des Bienenlebens.

Bei allen staatenbildenden Insekten ist die Vermehrung der unfruchtbaren Arbeiterinnen von der Fortpflanzung zu unterscheiden, die durch die voll ausgebildeten Weibchen, die Königinnen, geschieht. Die Arbeiterinnen, die zunächst entstehen, sorgen für Nahrung und Aufzucht der Brut, bis sie schließlich Königinnen heranziehen können. Die Maden, aus denen die Vollweibchen hervorgehen, werden besonders ernährt. Bei der Honigbiene nennt man diesen Nährstoff „Königinnenfuttersaft", „Gelee royal".

Zum Unterschiede von den anderen Insektenstaaten gelingt der Honigbiene die Aufzucht von Königinnen schon Monate vorher, nämlich bereits Ende April und im Mai, und nicht erst im Spätsommer. Das hängt damit zusammen, daß bei ihr bereits bei Frühjahrsbeginn die Arbeitsbienen zur Verfügung stehen und ein Nest nicht neu aufgebaut werden muß. Anstatt nun mehrere Jungköniginnen im Bienenstock bis zur Vollreife aufzuziehen und ihnen die Neugründung von weiteren Kolonien zu überlassen, hat die Honigbiene sich so entwickelt, daß sich vor Erscheinen der ersten Nachwuchskönigin der Bienenstock teilt. Die Gründung eines neuen Bienenstocks besorgt nicht allein die Stockmutter, sondern der Schwarm, der mit allem ausgerüstet ist, was zu einem Bienenstock gehört. Nicht nur die Arbeitsbienen aller Altersstufen, sondern sogar ein Nahrungsvorrat, der für 12—20 Tage reicht, wird von den Bienen mitgenommen.

Die Honigblase der Schwarmbienen ist jetzt der Aufbewahrungsort für den Körpervorrat — ähnlich wie bei den Ameisen, der soziale Magen. So verläßt der fertige Ableger den Stock. Auch sind es alles ausgeruhte Bienen, denn in der Vorbereitungszeit haben sie eine Ruhepause erlebt. Sobald der Schwarm seine Behausung gefunden hat, geht er mit einer erstaunlichen Emsigkeit an den Aufbau der Waben, das Eintragen von Nahrung und das Anlegen eines Brutnestes.

Zum Schwarmgeschehen gehört ein höchst bemerkenswertes Verhalten der Bienenkönigin: Das lautstarke, sogenannte Tüten der Jungkönigin, die schwärmen will, und das dumpfer klingende Quaken der schlüpfreifen, aber noch in ihren Zellen wartenden Nachwuchsköniginnen. Während alle Insekten, auch die Bienen, mit ihren Flügeln nur sirrende, schwirrende und summende Geräusche machen, ist das Tüten ein lautliches Signal, das die sonst gehörlosen Bienen als Schwingungen (Vibrationen) wahrnehmen und empfangen können.

Das Tönen entsteht dadurch, daß die Königin Luft durch ihre Atmungskanäle preßt und sich dabei mit ihrem sich heftig bewegenden Körper an die Wabe drückt, die die Töne und Schwingungen als Resonanzboden aufnimmt und weiterleitet. Auf dieses Signal hin nehmen die Bienen, wie bei ähnlichen Vorgängen, eine abwartende Haltung ein, sie gehen „in eine kurz andauernde Starre" über. Da es nicht klopfende, hämmernde und stoßende Erschütterungen sind, tritt keine Aufregung ein, Abwehrhandlungen werden nicht ausgelöst. Weil sich die schlüpfreifen Königinnen an dem Tönen beteiligen, hat man diesen „Wechselgesang" als „regelrechte Weiselgespräche" gedeutet und als „Warnrufe" mißverstanden. Offensichtlich richtet sich das Signal an den ganzen Bienenstock und verzögert das anstehende Schwärmen.

Der Ablauf ist folgender: Hat die alte Stockmutter mit dem Vorschwarm den Bienenstock verlassen, so erscheint nach einigen Tagen die erste Nachzuchtkönigin. Dann ist das „Schwarmfieber" vielfach abgeklungen. Mit Hilfe des Bienenstocks werden die in größerer Zahl vorhandenen, besetzten und unbesetzten Weiselzellen zerstört und abgetragen. Ist der Bienenstock aber in der Stimmung, noch einen zweiten

Schwarm abgehen zu lassen, so unterbindet er die Zerstörung der Weiselzellen und veranlaßt, daß die eben erst geschlüpfte, jungfräuliche Königin mit dem Nachschwarm abzieht. Jetzt tütet sie und rennt aufgeregt umher. Von Zeit zu Zeit stößt sie die lautstarken Töne aus.

Das Gleiche tritt ein, wenn die alte Stockmutter während der Vorbereitung des Schwarms ausgefallen ist. Dann muß entsprechend die Nachzuchtkönigin den Schwarm begleiten. Der Imker nennt einen solchen Schwarm einen „Singervorschwarm".

Ganz gewiß ist es schon deshalb kein Kampfruf oder Warnzeichen, weil bei dieser Schwarmbildung kein Kampf stattfindet und auch eine Warnung sinnlos wäre. Vermutlich ist das „Gedröhn" nur eine, allerdings recht wirksamke Begleiterscheinung. Die Jungkönigin preßt Luft durch ihren Körper und verbreitet damit ihren Eigengeruch im Stock. Es scheint für die Schwarmvorbereitung notwendig, allen Bienen diesen Geruch mitteilen zu können. Das setzt eine gewisse Zeitspanne voraus, in der die Jungkönigin in höchster Eile durch den Stock läuft. Sie verhindert nicht den Schwarm, sondern schiebt den Zeitpunkt hinaus und signalisiert in dieser Phase mit ihrem Körpergeruch, wer die Schwarmkönigin wird. Dem steht die Tatsache nicht entgegen, daß die begattete Königin einen Weiselstoff absondert, der die Schwarmneigung unterbinden kann.

Während die Jungkönigin tütet, läuft eine kurzfristige Phase der Einstimmung ab, die von einer der eigenartigsten Lautsignale der sonst stummen Kreatur begleitet wird. So wenigstens läßt sich dieser Vorgang in einen sinnvollen Zusammenhang mit dem übrigen Geschehen bringen. Dies trägt gewiß zum Verständnis des Bienenlebens bei.

Die Eigenarten des Bienenstocks

Die Arbeiterinnen bilden die sich ständig erneuernde körperliche Masse des Bienenstocks. Sie regelt in besonderer Weise das Zusammenwirken aller Körperteile und die Lebensabläufe.

Körperliche Leistungen

Weil der Bienenstock kein zentrales Nervensystem besitzt, also kein Gehirn hat, kann er das, was die Bienen sehen, fühlen und riechen, nicht in Handlung umsetzen. Man kann den Bienenstock auseinandernehmen, Wabe für Wabe aus dem Bienenkasten herausheben, ohne daß eine entscheidende Abwehr, nicht einmal eine erhebliche Aufregung entsteht. Dieses Geschöpf ist offensichtlich recht unempfindlich. Aber ganz so negativ darf man die Wirkung eines überraschenden Eingriffes nicht beurteilen. Der Bienenstock hat gewissermaßen eine „lange Leitung". Die Bienen müssen sich untereinander verständigen, bis eine Reaktion eintreten kann. Da sie keine Möglichkeit haben, sich über alles verständigen zu können, verhalten sie sich in solchen Fällen abwartend.

Das Gehör

Nur in einer Hinsicht ist der Bienenstock äußerst zart besaitet: Er ist überaus geräuschempfindlich. Die Bienen, die keine Ohren besitzen und im Fluge keine Geräusche oder Töne wahrnehmen können, nehmen offenbar mit Tastorganen, die sie an ihren Beinen haben, jede Erschütterung und Schallwellen zur Kenntnis, wenn sie sich im Stock befinden. Das geschieht durch Vermittlung der Beute und der Waben als Resonanzboden. In diesem Falle bedarf es keiner Verständigung, sondern alle Bienen erkennen Störungen dieser Art unmittelbar und reagieren darauf sofort. Sie brausen auf, wenn ihre Beute geöffnet wird. Flugbienen fliegen ab, wenn ein lärmendes Geräusch in der Nähe des Stockes entsteht.

Der Imker kann den Bienenstock dadurch überlisten, daß er vorsichtig die Beute öffnet und auch dadurch, daß er von hinten oder oben an den Bienenkasten herangeht. Die abwehrbereiten Wächter fliegen stets vorn aus dem Flugloch heraus.

Dieses Verhalten des Bienenstocks hängt sicherlich damit zusammen, daß die Honigräuber, also die speziellen Feinde der Honigbiene, sich mit roher Gewalt und Lärm Zugang zum Honig verschaffen mußten. Das Herannahen von Insektenfressern kann der Bienenstock auch nur auf diese Weise bemerken und abwehren.

Sehr genau kann der Bienenstock Erschütterungen von schaukelnden Bewegungen unterscheiden. Bei stürmischem Wetter wurden die hohlen Bäume geschüttelt, in denen er einst nistete. Dann setzten sich die Bienen zusammen und warteten das Ende des Wetters ab. Entsprechende Bewegungen entstehen, wenn Bienenkörbe oder Bienenkästen transportiert werden. Hört das rhythmische Schaukeln auf, dann drängen die Bienen zum Ausflug. Deshalb wandern die Imker mit ihren Bienenstöcken bei Nacht, müssen aber die Beute alsbald öffnen, wenn die Wanderung beendet ist und der Tag anbricht. Unterbrechungen der Fahrt führen zur Auflösung der Wandertraube.

Aus diesem Verhalten der Bienen kann man ablesen, daß der Bienenstock ein wichtiges Organ, das Gehör, entwickelt und verfeinert hat, weil die Honigbiene zu der Zahl der Insektenfeinde eine neue Gruppe von Gegnern bekam, die es auf den Honig abgesehen hat.

Die Haut

Der Bienenschwarm hängt sich in einer Traube an einen Baumast an. Diese Traube ist seine Gestalt. So bildet der Bienenstock in der kalten Jahreszeit die sogenannte „Wintertraube“ und setzt sich beim Transport der Bienenkästen in einer Wandertraube zusammen. Diese Gestalt ist nicht nur die Folge eines Zusammenkettens der Bienen, sondern sie zeigt eine bestimmte Struktur. Die älteren Bienen bilden die Hülle, die jüngeren befinden sich in der Mitte der Bienentraube. Am unteren Ende des Bienenschwarms entsteht ein Flugloch, das Mund und After für ihn darstellt. Hier fliegen die Bienen ab und landen wieder. In der Wintertraube wechseln die Hüllbienen von außen nach innen und umgekehrt. Sie bilden die Haut des Körpers und schirmen ihn gegen Wind und Wetter ab. Die Hüllbienen setzen sich so dicht zusammen, daß bei Regenwetter der Bienenschwarm nicht durchfeuchtet wird. Es ist eine wohl unzureichende Vorstellung, daß die Funktionen von Organen oder Gliedmaßen nur durch feste Körperteile wirksam werden können. Hier wenigstens fügen sich die Bienen zu einem zusammenhängenden Organ, der Haut, zusammen, indem sie sich eng zusammensetzen.

Das Blätterdach des Baumes, die Baumkronen und Randgehölze des Waldes stellen vergleichsweise eine natürliche und notwendige Schutzhülle dar. Den Wert eines solchen ökologischen Sachverhalts drückt das geflügelte Wort aus: *„Man sieht den Wald vor lauter Bäumen nicht.“* Es gilt entsprechend für den Bienenschwarm.

Der Bienenstock ist ein Geschöpf, das immer dann, wenn es der Schutzhülle bedarf, sich in einer Traube zusammenzieht. Das ist nicht erforderlich, wenn der Schwarm die Höhle gefunden hat, die einen großen Teil der Schutzfunktion übernimmt.

Die Körperwärme

Im Innern des Bienenschwarms herrscht eine Temperatur von 34° C (bei einer Außentemperatur von 22° C gemessen), also die Wärme, die auch das Brutnest zeigt. Bereits der Bienenschwarm reguliert seine Körperwärme.

Im Winter wird die Körperwärme des Bienenstocks auf geringerer Höhe gehalten. Er verhält sich darin ähnlich wie ein winterschlafendes Tier, das auf diese Art und Weise die kalte Jahreszeit überleben kann. Wenn keine Nahrung aufgenommen werden kann, bedarf es keiner höheren Körpertemperatur, um sie zu verarbeiten. Auch der Bienenstock zehrt dann nur vom Körpervorrat, dem eingelagerten Honig. Die Temperatur am Außenrande der Wintertraube sinkt nicht unter 10° C. Die Hüllbienen wandern von Zeit zu Zeit ins Innere der Traube, erwärmen sich dort und nehmen Honig auf, den sie in Wärme umsetzen. Demnach hält der Bienenstock einen Winterschlaf, nicht aber die Bienen, die wie die Organe eines winterschlafenden Tieres tätig bleiben, wenn auch mit stark herabgesetzter Leistung.

Besondere Fähigkeiten

Die Nahrungsverwertung

Das Eigenartige des Bienenstocks ist seine Fähigkeit, den zeitweise erheblichen Nahrungsüberschuß zu verwerten. Die einzelnen Bienen können in ihrer Honigblase die flüssige Nahrung zwar in Kleinstmengen von 0,02 g transportieren, aber nicht ihrem Körper zuführen, um sich eine Kraftreserve zuzulegen. Sie haben keine Möglichkeit, allein für sich lange Hungerzeiten zu überstehen. Durch die Anlage eines Honigdepots unterscheidet sich die Honigbiene von anderen Insekten. Sie erzeugt Honig, eine überwiegend aus verschiedenen Zuckern bestehende, aromatische, mehr oder weniger zähflüssige Masse. Die wesentliche Leistung der Honigbiene besteht darin, die dünnflüssigen Zuckersäfte so aufzubereiten, daß sie haltbar und jederzeit verfügbar sind und in ihrer Zusammensetzung leicht verdaulich bleiben.

Die zoologische Bezeichnung *Apis mellifera* L. (die Honig eintragende Biene) ist eigentlich falsch, wird aber wegen der Unveränderlichkeit der wissenschaftlichen Nomenklatur aufrechterhalten. Der in der Literatur häufig benutzte Name *Apis mellifica* (die Honig bereitende Biene) ist zutreffender.

Die Stockbienen saugen die zuckrige Flüssigkeit, die die Flugbienen einbringen, mehrfach auf und entziehen ihr dadurch Wasser. Sie dicken sie unter Hinzufügung von Drüsensekreten (Fermente, Enzyme) ein. Dadurch werden Fruchtzucker und Traubenzucker zum Teil zu Invertzucker verändert. Auch gelangen Hemmstoffe (Inhibine), die das Wachstum bestimmter Bakterien verhindern, in den Honig. Hierdurch wird dieser fast unbegrenzt haltbar. Schließlich decken die Bienen den in den Wachszellen abgelegten Honig mit einem Wachsdeckel zu.

Das Horten von Vorräten ist manchen Tieren eigen, doch dienen diese Vorräte jeweils allein dem Individuum, das sich ein solches Depot anlegt. Die Honigbiene, die ausschließlich in den Blüten ihre Nahrung findet und von diesen durch das Nahrungsangebot angelockt wird, durfte, wenn dieser ökologische Bezug erfolgreich sein sollte, niemals satt werden, also die damit verbundene Bestäubungstätigkeit aufgeben. Deshalb wurde die Honigbiene in die Entwicklung gedrängt, unbegrenzte Mengen von Blütensaft und Pollen aufnehmen und konservieren zu können. Der Bienenstock ist unersättlich. Er steuert die Bienen derart, daß sie nicht satt und müde werden, sondern ständig nach Ablieferung des Sammel-

Biene auf einer Löwenzahnblüte

Wespenkönigin auf ihrem Nest

Honig

Der Honig ist so sehr beliebt,
weil er uns Kraft und Heilung gibt.
Das Wohlbefinden — lehrt Erfahrung —
beruht auf der gesunden Nahrung.
Schon morgens auf dem Frühstückstisch
ist Honig nötig — blütenfrisch.
Dem Herzen gibt er Antriebskräfte
und fördert die Verdauungssäfte.
Selbst für die Haut nützt sein Gebrauch
und off'ne Wunden heilt er auch.
Bei Husten und Bronchialkatarrh
ist er als Labsal wunderbar.
Der Honigkuchen duftet fein,
er leitet Weihnachtsstimmung ein.
Wie fröhlich macht der Honigwein!
Trinkt von dem Met, Ihr werdet's sein.
Das ist seit altersher erprobt.
Der Honig wird zu Recht gelobt.
So heilsam, köstlich, echt und gut
nur Honig seine Wirkung tut.
Was auch Natur uns reich beschert,
im Honig steckt ihr höchster Wert.

ergebnisses erneut und unentwegt zu dem gleichen Zwecke ausfliegen. Dieser bemerkenswerte Sammeleifer hat der Honigbiene die Prädikate „emsig" und „Bienenfleiß" eingetragen.

Die Speicherung des Honigs

Bei der Honigbiene handelt es sich nicht um die Deponierung unveränderter Nahrungsstoffe, sondern um die Erzeugung eines aus diesen gewonnenen Produktes, die Speicherung einer haltbaren Kropfnahrung. Der Honigmagen hat die Bedeutung eines Kropfes, in dem die Nahrung verändert und für die Maden speisefertig gemacht wird.

Entwicklungsgeschichtlich ist die Benutzung des Wabenwerkes, das als Brutnest angelegt wird, für die Vorratsspeicherung ein wichtiger Schritt gewesen. Bei den Wespen und Hummeln ist diese Entwicklung nicht eingetreten. Bei diesen überwintern nur die im Spätherbst erzeugten Königinnen, die einzeln in einer Winterstarre die kalte Jahreszeit überstehen. Das bisherige Brutnest wird aufgegeben, die Arbeiterinnen und die Drohnen gehen unter. Während diese Insekten-Königinnen in jedem Jahre ein neues Nest aufbauen müssen, braucht das die Bienenkönigin nicht zu tun. Der Bienenstock überwintert dank seines Vorrates, den er in seinem Körper aufbewahrt. Dadurch wird das Wabenwerk zum unentbehrlichen Körperbestandteil. Der Bienenstock zehrt davon, wenn es an frischer Nahrung fehlt.

Schon beim Schwarm ist der Honig Körpervorrat, den die Schwarmbienen in einer erheblichen Menge mit sich führen, damit sie 12—20 Tage davon leben können.

Die Entwicklung der Stichwaffe

Bemerkenswerterweise haben sich die Bienen durch ihre Einfügung in den Bienenstock auffallend verändert.

Der Stachel der Bienen, zur persönlichen und zur Nestverteidigung erforderlich, hat sich zur Abwehrwaffe gegen Honigräuber entwickelt — gezielt gegen das durch eine dicke Haut und ein dichtes Haarkleid geschützte Tier, z. B. den Bären. Aus der einfach gebauten Stichwaffe entstand ein komplizierter Stechapparat, der in der Lage ist, sich mit Widerhaken in die Haut des Gegners einzubohren. Der Stachel wurde zur Waffe, die gegen den Gegner geschleudert wird und dort steckenbleibt.

Nach dem Einstich setzt bei der Biene ein Fluchtreflex ein, durch den sie sich gewaltsam von ihrem Stachel trennt. Sie kann ihn nicht aus der Haut des Warmblüters zurückziehen. Die Widerhaken verhindern es. So reißt der ganze Stechapparat vom Bienenkörper ab, wodurch die Biene in kurzer Zeit zugrunde geht. Der mit dem Stachel und der Giftblase zu einem Körperteil zusammengewachsene Muskel- und Nervenknoten arbeitet nach der Trennung von der Biene selbsttätig weiter. Er treibt den Stachel noch tiefer in die Wunde und pumpt zugleich das Gift in den Körper des gestochenen Gegners.

Der berühmte Naturforscher und Biologe DARWIN hielt diesen Vorgang für eine „Fehlleistung der Natur", denn es schien ihm widersinnig zu sein, daß ein Tier bei der Anwendung seiner Abwehrwaffe Selbstmord begeht. Dafür gibt es im ganzen Tierreich kein entsprechendes Beispiel. Wenn man aber den Bienenstock als das sich wehrende Individuum begreift, löst sich das Rätsel. Man vergleicht diesen Vorgang damit, daß manche Tiere im Kampf Körperteile opfern, die wieder nachwachsen oder sich teilweise regenerieren. Das trifft für den Bienenstock zu, denn die Flugbienen, die man als Teile seines Körpers ansehen kann, erneuern sich ständig.

Immer wieder wird die Giftmenge, die die Bienen mit sich führen, als überproportioniert und eigentlich unverständlich angesehen. Zur Selbstverteidigung wäre sie zweifellos nicht notwendig. Bei der ungeheuren Größe des Feindes reichte die Giftwirkung aber nicht aus, weil sie nicht tödlich wirkt. Die Bienen konnten ihn nur in die Flucht schlagen und durch empfindliche Stiche und das Einspritzen einer nicht geringen, nachhaltig wirkenden Flüssigkeit abwehren.

Die Klärung dieser Frage öffnet den Zugang zu einem tieferen Verständnis des Bienenlebens. Die Entwicklung zum Bienenstock hat diesen vor neue Aufgaben gestellt und dabei notwendigerweise die Abwehrwaffe verändert und verstärkt.

Daß die Bienen ursprünglich einen einfachen Insektenstachel gehabt haben, läßt sich mit ziemlicher Sicherheit vermuten, denn die Königin besitzt einen solchen. Sie benutzt ihn zugleich als Legerohr für die Eierablage, sie sticht damit weder Mensch noch Tier, sondern richtet ihn nur gegen ihre Artgenossinnen. Die Bienenkönigin beteiligt sich nicht an der Nahrungssuche und an der Verteidigung. Demzufolge ist es verständlich, wenn auch erstaunlich, daß sich bei ihr keine Widerhaken am Stachel entwickelt haben. Sie blieb von der Entwicklung des Stachelapparates ausgeschlossen. Sie besitzt einen Stachel, der sich noch nicht gegen die Warmblüter als Honigräuber richtete.

Bemerkenswert ist in diesem Zusammenhange auch, daß die Bienen den instinktiven Fluchtreflex nicht verloren haben. Jedes stechende Insekt zieht nach erfolgtem Einstich den Stachel aus der Wunde und entflieht. Die Biene kann es auch, wenn sie ihn gegen Kerbtiere oder andere Bienen gebraucht, aber nicht bei dem Stich in die Haut eines Warmblüters. Somit ist klar, daß sich die Aufopferung der Biene dadurch erst entwickelt hat, daß die Abwehr gegen den Honigräuber so wirksam wie möglich gestaltet werden mußte. Es ging jetzt ums Überleben des Bienenstocks unter Preisgabe einzelner Körperteile, die sich ergänzen können.

Das Geschöpf in der Höhle

Faßt man alle Beobachtungen zusammen, so ergibt sich, daß sich die Honigbiene auffallend von den übrigen staatenbildenden Insekten unterscheidet. Sie hat sich im Laufe langer Zeiträume in ihrem Verhalten und der Ausbildung ihrer Fähigkeiten auf ihre Bedeutung für die Pflanzen eingestellt und besondere körperliche Eigenheiten entwickelt und einen ungewöhnlichen Weg gefunden, ihre Art zu erhalten. Beurteilt man die Lebensäußerungen des Bienenstockes unbefangen und unvoreingenommen, wird man ihn ohne Einschränkung als ein Geschöpf der Evolution erkennen, das durch Anpassung und Auslese entstanden ist.

Rückt man den Bienenstock als eigenständiges Geschöpf in die Mitte der Betrachtung, wird der Blick in die Zusammenhänge nicht durch Vergleiche getrübt, die durch die einzigartige Entwicklung unzutreffend sind. Trotz vieler Rätsel, die ungelöst sind, und bei allen kritischen Bedenken wird deutlich, wie die Honigbiene in der Gestalt des Bienenstocks lebt.

Durch die Waben unlösbar mit der Höhle verbunden, lebt der Bienenstock als ein friedliches Geschöpf, das ausschließlich auf die Pflanzenwelt als Nahrungsspender angewiesen ist. Er hat also keinen Anlaß, von seinen Lebensbedürfnissen her mit anderen Geschöpfen in Streit zu geraten. Wie er einst — im Walde beheimatet — dort harmlos lebte, so läßt er auch heute in Gärten, in denen Sträucher und Bäume vorhanden sind, Mensch und Tier völlig unbelästigt. Lediglich Eindringlinge in sein Schlupfloch wehrt er ab. Auf andauernde oder ständig sich wiederholende Geräusche achtet er empfindsam, denn sie sind dem blinden und unbeweglich an seine Höhle gebundenen Geschöpf das einzige erkennbare Anzeichen für das Nahen von Honigräubern oder die Anwesenheit eines Insektenfressers. Der Bienenstock will und muß in Ruhe gelassen werden. Dieses Geschöpf ist weder ein Fleisch- noch ein Pflanzenfresser, sondern lebt von dem Angebot der Blüten, den zuckerhaltigen Blütensäften und dem eiweißreichen Blütenstaub.

Sein Verhältnis zu der Umgebung ist ein ökologisches. Er befriedigt durch Bestäubung das Bedürfnis der Pflanzen, Frucht zu bringen, und hilft damit zugleich indirekt, das Nahrungsangebot für das Wild, insbesondere die Vogelwelt, zu sichern.

Der Bienenstock lebt als wildes Geschöpf allein von dem, was die Natur bietet. Sein emsiges Suchen nach Nahrung hängt damit zusammen, daß er diese fast unbegrenzt verwerten kann. Er wird gesteuert von seiner Einbeziehung in eine ökologische Kette. Sicher verlangt er täglich Nahrung wie jedes Geschöpf, denn sonst muß er von seinem Körpervorrat zehren. Der Imker, der sich Bienenstöcke hält, muß beachten, daß die nähere Umgebung zu allen Zeiten in der warmen Jahreszeit Nahrungsquellen zur Verfügung hat, sonst muß er mit seinen Bienen dorthin wandern, wo es solche gibt. Er kann seine Bienenstöcke nicht wie Haustiere füttern, wenn er das unverfälschte Naturprodukt, den Honig, gewinnen will.

Der Bienenstock kann lang andauernde Hungerzeiten überstehen, denn er steuert seine Lebensvorgänge, steigert sie und setzt sie herab, je nach Nahrungsangebot. Er reguliert entsprechend seine Körperwärme, die er in der Winterzeit stark herabsetzt, wie ein winterschlafendes Tier. Zu seiner Arterhaltung bildet er Ableger und hebt sich damit völlig von allen anderen staatenbildenden Insekten ab. Die Evolution hat in ihm ein wirklich eigenartiges Geschöpf hervorgebracht.

Der Bienenstock ist in biologischer Hinsicht so merkwürdig wie in ökologischer Hinsicht überaus wichtig und hat als Nutztier eine hoch einzuschätzende Bedeutung. Deshalb lohnt es sich, ihm einige Aufmerksamkeit zu schenken. Wer sich mit der Honigbiene beschäftigt, lernt ökologische Zusammenhänge verstehen und erreicht einen gewissen Einblick in die Vorgänge der Artenentwicklung, der Evolution. Die Honigbiene ist und bleibt eines der interessantesten Tiere, der Bienenstock eines der erstaunlichsten Geschöpfe. Die Entdeckung der Geheimnisse des Bienenlebens ist zugleich eine großartige Herausforderung des denkenden und forschenden Menschen.

Bienen vor dem Flugloch

Die Eigenschaften der Honigbiene

Die Stammesgeschichte

Die Honigbiene gehört in der Ordnung der Insekten (Kerbtiere) zu den Hautflüglern *(Hymenoptera)* und darunter zu der Superfamilie der Bienen *(Apiden).* Diese stehen in Verwandtschaft zu den Wespen *(Vespoiden).* Vor 90 Millionen Jahren, so nimmt man an, haben sich die Bienen mit der Entstehung der Blütenpflanzen entwickelt. Eine soziale Biene gab es bereits vor 50 Millionen Jahren, die Ähnlichkeiten mit der heutigen Honigbiene aufweist.

Die Gattung *apis* (Honigbiene) umfaßt die folgenden staatenbildenden Vertreter, die sich durch ihre Körperlänge unterscheiden und in den angegebenen Verbreitungsgebieten beheimatet sind:

1. die Honigbiene (*Apis mellifica* L.); 9-13 mm groß in allen Erdteilen,
2. die indische Biene (*Apis indica* FABR.); 8-11 mm groß in Asien,
3. die Riesenbiene (*Apis dorsata* FABR.); 16-17 mm groß in Indien,
4. die Zwergbiene (*Apis florea* FABR.); 7-8 mm groß in Indien

In Europa tritt die Honigbiene in 3 Rassen auf:

a) Dunkle Biene oder Nigra (*Apis mellifica mellifica*),
b) Italienische Biene (*Apis mellifica ligustica*),
c) Krainer Biene (*Apis mellifica carnica*).

Die genannten Rassen lassen sich schon äußerlich durch ihren gedrungeneren oder schlankeren Körperbau auseinanderhalten, besonders aber an der Färbung der Filzbinden am Hinterleib (dunkel, gelb, grau) erkennen. Aus ihnen haben die Züchter geeignete Stämme durch Auslese und Paarung gezogen, die sich durch gewisse Eigenschaften auszeichnen. Als Zuchtziele gelten vor allem Sanftmut, Schwarmträgheit und Sammeleifer.

Der Körper der Honigbiene

Über die körperlichen Eigenheiten der Honigbiene wird man einiges zur Kenntnis nehmen müssen, um zu wissen, worin sich die Insekten von der übrigen Tierwelt und die Bienen von anderen Insekten unterscheiden.

Die Insekten wachsen zunächst einmal nicht wie ein Embryo im Mutterleibe auf, sondern aus dem Ei geht eine Made hervor, die sich nach der ersten Phase der Entwicklung einspinnt und verpuppt, um dann als fertiges Kerbtier die Puppenhülle (Wabenzelle) zu verlassen. Die sehr komplizierten Vorgänge sind bei den drei Kasten der Honigbienen in Einzelheiten unterschiedlich. Diese Entwicklungen interessieren vor allem den Fachmann. Hier muß es genügen, in einer kurzen Übersicht die Merkmale des Körpers der Honigbiene aufzuzeigen, die ihr Verhalten in ihrer Umwelt verständlich machen.

Bei der Verpuppung hat sich der Körper der Biene mit einem Chitinpanzer umgeben, der Kopf, Brust und Hinterleib schützt. Das Chitin ist eine stickstoffhaltige, steife Masse, die die Insekten vielfältig als Körperbaustoff hervorbringen und benutzen. Der äußere Panzer ist dunkelbraun gefärbt und mit einem Haarkleid überzogen. Die Beweglichkeit der Körperteile ist dadurch gegeben, daß der Panzer in einzelne Seg-

Die drei Bienenwesen

Königin

Drohn

Arbeiterin

mente eingeteilt ist, die wie Schuppen voneinander getrennte Teile bilden.

Die Körperteile des Kopfes

Der Kopf trägt zwei vorausgestreckte Fühler, die das Riechorgan (die Nase) darstellen. An den beiden Seiten des Kopfes sitzen die Augen, deren Oberfläche aus Tausenden sechseckiger Plättchen, den Fazetten, besteht. Außerdem besitzt die Biene noch drei kleine Punktaugen auf dem Scheitel des Kopfes, die durch Linsen die Lichteindrücke aufnehmen.

Die Mundwerkzeuge, insbesondere die Vorderkiefer (Mandibeln), bilden einen röhrenförmigen Rüssel, der es den Bienen erlaubt, tief in die Blütenkelche einzudringen. Die Zunge kann aus dem Rüssel hinausgeschoben, aber auch wieder zurückgezogen werden.

Im Kopf befinden sich das Gehirn und einige Drüsen. In den Kopfdrüsen werden die wesentlichen Bestandteile des Futters erzeugt, das zur Aufzucht der Königinnen benötigt wird (Königinnenfuttersaft).

Die Körperteile der Brust

Die Biene besitzt je ein Paar Vorderflügel und ein Paar Hinterflügel, die ihren Sitz beim zweiten bzw. dritten Brustring haben. Die Flügel sind dünnhäutig. Sie werden von leistenförmigen Adern durchzogen. In der Ruhe liegen die Flügel gefaltet auf dem Hinterleib der Biene. Beim Flug haften die seitlich gestellten Vorder- und Hinterflügel aneinander. Die Flügel werden auf beiden Seiten gleichzeitig nach oben und unten geschwungen. Die Biene fliegt mit 190 Schlägen in der Sekunde. Die Muskeln, die die Bewegungen hervorrufen, füllen den Brustkorb aus. Sie übertragen ihre Kraft durch Vermittlung der Rückenschuppe auf die Flügel. Die Flügelwurzel wird durch heben und senken der Rückenschuppe bewegt, wobei die Bauchschuppe das starre Widerlager bildet.

Die Körperteile des Hinterleibes

Im Hinterleib der Biene sind die Weichteile untergebracht. Das Herz ist ein langgezogener Schlauch, der durch sein ständiges Pumpen das Blut in Umlauf bringt. Das Blut ist farblos, weil es nicht, wie bei den Wirbeltieren, den Sauerstoff transportiert. Bei der Biene nimmt das Blut die gelösten Nährstoffe aus dem Darm auf und befördert sie zu den Organen. So kreist das Blut auch nicht in Kanälen (Adern), sondern umspült die Organe und erfüllt die ganze Bauchhöhle. Das Blut leitet außerdem die Abfallstoffe in die Harnkapillaren des Enddarmes.

Die Atmung geschieht nicht, wie beim Menschen oder den Wirbeltieren, durch eine Lunge, sie erfolgt durch unzählige, über den ganzen Körper verteilte Luftröhrchen (Tracheen). Dadurch werden die Organe und Gliedmaßen unmittelbar mit Sauerstoff versorgt.

Die Nahrung gelangt durch den Schlund und die Speiseröhre in die Honigblase, die ihren Sitz im vorderen Teil des Hinterleibes hat. Die Größe der Honigblase beträgt 14 bis 16 cmm, kann sich aber bis zu 55 cmm erweitern. Die Biene, die selbst 0,1 g wiegt, kann in ihr Nahrungsstoffe bis zur Hälfte ihres Eigengewichts aufnehmen, also bis zu 0,05 g. Die Honigblase dient als Vorratskammer, man kann sie deshalb als Kropf bezeichnen. Sie endet mit einem Ventil (Ventiltrichter), der die Nahrungsaufnahme in den Mitteldarm regelt. Den nicht zu ihrer eigenen Ernährung benötigten Nährstoff gibt die Honigbiene wieder von sich. Sie bereitet so durch Zusatz von Sekreten aus den Speicheldrüsen und Entzug von Wasser aus Blütensaft und Pollen einen Speisebrei für die Brut. Durch mehrfaches Aufsaugen und Ausspeien durch die Stockbienen verwandelt sich dieser Brei in Honig.

Am Ende des Darmes befinden sich Kotblase und After. Hier liegen auch die Geschlechtsorgane, die bei der Königin und den Drohnen voll ausgebildet sind, während sie bei der Masse der Bienen („weibliche" Tiere) verkümmert sind. Ferner verdienen die Duftdrüsen am Hinterleibe einer Erwähnung. Die Zahl der Drüsen ist groß. So gibt es besondere Wachsdrüsen, die sich an der Bauchseite befinden. Ihre Wirksamkeit hängt vom Entwicklungszustand der Biene ab.

Einen bei der Honigbiene besonders gestalteten Körperteil bildet der Stachel mit der Giftblase nebst Muskel und Nervenknoten (s. Kapitel „Die Entwicklung der Stichwaffe").

Sechs Beine tragen den Körper der Biene. Diese dienen nicht nur zur Fortbewegung, sondern auch zum sanften Aufsetzen bei Unterbrechung des Fluges. Kräftige Krallen am Fußende ermöglichen es, daß sich die Bienen in einer Traube aneinanderketten. Mit spielerischer Leichtigkeit klettert die Biene aber auch an glatten, senkrechten Wänden, wozu ihr die zwischen den Krallen sitzenden Haftläppchen verhelfen.

Ferner benutzen die Bienen ihre sehr beweglichen Beine zum Putzen und Pollensammeln. Alle drei Beinpaare besitzen Putzscharten und Bürstenhaare. Ein besonderer Teil der Putzscharte (Sporn) dient ausschließlich dem Putzen der Fühler. Kopf, Fühler und Augen werden von den Vorderbeinen geputzt. Der Schmutz wird an die Mittelbeine abgegeben. Diese werden dadurch gereinigt, daß sie nacheinander durch die zusammengelegten Hinterbeine gezogen werden. Die Hinterbeine befreien sich von dem Schmutz durch Aneinanderreiben.

Die Hinterbeine der Arbeitsbiene erfüllen noch zwei besondere Aufgaben. Sie heben die Wachsplättchen von der Bauchseite der Biene ab. An ihrer Außenseite besitzen sie eine kleine Mulde, umgeben von Sammelhaaren. In diesem sogenannten Körbchen tragen die Bienen den Pollen in ihren Stock. Beim Heimflug säubert sich so die Biene, in deren Haarkleid sich die Pollenkörner festgesetzt haben.

Es darf nicht übersehen werden, daß die Bienen durch ihre Beine Erschütterungen wahrnehmen, wenn sie auf ihren Waben oder einer anderen Unterlage sitzen. Die Beine bilden also ihr Gehör.

Zusammenfassend läßt sich sagen, daß die Honigbiene als Insekt nur bedingt mit den Wirbeltieren vergleichbar ist. Sie kann zwar fühlen, schmecken, riechen usw., aber nur in ihrer Art. Was sie in ihrer Umwelt wahrnimmt und wie sie darauf reagiert, bedarf einer besonderen Darstellung.

Das Verhalten der Bienen, besonders dem Menschen gegenüber, ist bestimmt durch ihre körperlichen Eigenheiten und die Wirksamkeit ihrer Organe.

Die Sinne der Honigbiene

Die Organe, durch die die Honigbiene ihre Umwelt wahrnimmt, sind anders gestaltet als beim Menschen oder den Wirbeltieren. Im Grunde dürfte man deshalb nicht von den fünf Sinnen sprechen, obwohl sie als die wichtigsten erscheinen: Gesicht, Geruch, Geschmack, Gehör und Gefühl. Abgesehen davon, daß es mehr Sinnesorgane bei Mensch und Tier gibt, sind sie bei der Biene teils feiner, teils gröber ausgebildet. Vor allem kann man nicht jedes für sich betrachten und mit denen anderer Lebewesen vergleichen, sondern muß sie stets im Zusammenhange aller Sinnesorgane sehen, um sich verständlich zu machen, wie vollkommen die Honigbiene mit Sinneswerkzeugen ausgestattet ist, um sich behaupten zu können.

Biene beim Pollensammeln

Weil es nur die Aufgabe eines Lehrbuches sein kann, über den Temperatursinn, das Zeitgedächtnis, den Gleichgewichtssinn und den Schweresinn in allen Einzelheiten zu berichten, darf man sich auf das beschränken, was wesentlich ist, um ein hinreichendes Verständnis für Art und Wesen der Bienen zu gewinnen.

Wir können mit ihnen nicht reden, können sie nicht streicheln, können keine Gefühle bei ihnen erwecken, überhaupt keinen Kontakt herstellen. Sie bleiben gewissermaßen „stumm wie die Fische". Weil die Bienen zu unserer Umwelt gehören, interessiert es, was sie eigentlich sehen, riechen, schmecken, hören und fühlen, oder anders ausgedrückt, welchen Ausschnitt aus der Wirklichkeit sie als ihre Umwelt erleben. Dazu hilft die Kenntnis, wie ihre Sinnesorgane beschaffen sind.

Sehen

Die großen, seitlich am Kopf befindlichen, unbeweglichen Augen der Biene nehmen auf ihre besondere Art und Weise die Welt wahr. Das menschliche Auge sieht die Gegenstände 80mal schärfer, das Insektenauge erkennt aber bewegte Körper dafür um so besser. Das aus 5 000 Sehschlitzen bestehende Fazettenauge wirkt als grober Raster und läßt keine Konturen deutlich erkennen, aber die vorbeiziehenden körperlichen Gegenstände werden in den Phasen des zeitlichen Ablaufs sichtbar.

Der Mensch kann Vorgänge nur im Zeitlupentempo genau verfolgen. Er sieht die schnell fliegende Biene nicht. Der Unterschied zwischen Mensch und Biene besteht in diesem Punkte eben darin, daß er von einem Standort aus die Welt „betrachtet", während die Biene sie fliegend wahrnimmt. Dementsprechend sind die Augen unterschiedlich eingerichtet. Im Ruhezustand, also im Bienenstock, wo es dunkel ist, kann sie nicht sehen und braucht sie nicht zu sehen. Also gehören sehen und fliegen bei der Biene zusammen. Leicht übertrieben gesagt: Die Biene sieht nur, wenn sie fliegt. Das ist ihre Lebenswirklichkeit, die unserer gegenüber wahrhaft andersartig ist.

Die Biene sieht ausgesprochen schlecht, was plötzlich auf sie zukommt. Ihre unbeweglichen Augen sind nicht nach vorn gerichtet und wandern nicht herum, sondern starren unbeweglich dorthin, wo das vorüberzieht, was sie fliegend beiseite läßt. Das bestimmt ihr Flugverhalten.

Ein wesentlicher Unterschied zum menschlichen Auge besteht ferner darin, daß das Bienenauge ins Licht sehen kann. Während der Mensch beleuchtete Gegenstände betrachtet, aber beim direkten Lichteinfall die Augen schließen muß, kann sich das Bienenauge nicht abwenden. Es empfängt das Licht unmittelbar in seiner Schwingungsebene, also polarisiertes Licht. Unser Auge ist nur zur Aufnahme diffusen (zerstreuten) Lichtes eingerichtet.

Die Gestaltung des Bienenauges hängt damit zusammen, daß sich die Bienen nach dem Sonnenstand orientieren, um die Richtung einschlagen zu können, die ihnen die Spürbienen bei ihren Informationstänzen angeben. Auch bei bedecktem Himmel können sie den Sonnenstand genau orten, wobei ihnen vermutlich die drei Punkt-Augen auf dem Scheitel des Kopfes helfen.

Riechen und Schmecken

Die am weitesten hervorragenden Organe der Honigbiene sind ihre Fühler, mit deren Hilfe sie Gerüche wahrnimmt. Es gibt kein Tier, das sich so häufig die Nase putzt. Vor jedem

Die Sprache der Bienen

Der Rundtanz der Sammelbienen *bedeutet, daß die gefundene Trachtquelle in der Nähe, rund um den Bienenstock (bis zu 100 m Umkreis bei ebener Lage) zu finden ist. Die drei mittanzenden Bienen nehmen mit den Fühlern den spezifischen Duft der gefundenen Blütenart wahr, der im Haarkleid der Tänzerin und in der sogenannten Duftdrüse haftet. Je nach der Ergiebigkeit der Trachtquelle wird rascher oder langsamer getanzt.*

Der Schwänzeltanz der Sammelbienen *zeigt eine Trachtquelle an, die über 100 m entfernt ist. Die Tanzrichtung gibt den Winkel zwischen den Geraden Bienenstand–Sonne und Bienenstand–Trachtpflanze an. Mit der fortschreitenden Änderung des Sonnenstandes ändert sich dieser Winkel und damit auch die Tanzrichtung. Die Anzahl der Tanzwendungen (rechts–links, rechts–links) in einer bestimmten Zeiteinheit gibt die Entfernung der Trachtpflanze an.*
Die mittanzenden Bienen nehmen also den Duft der Blütenart, den Winkel zum Sonnenstand und die Entfernung der Trachtpflanze mit ihren Sinnesorganen auf, bevor sie zum Sammeln ausfliegen.

Schwänzeltanz: Schema für die Orientierung der Bienen im Gelände

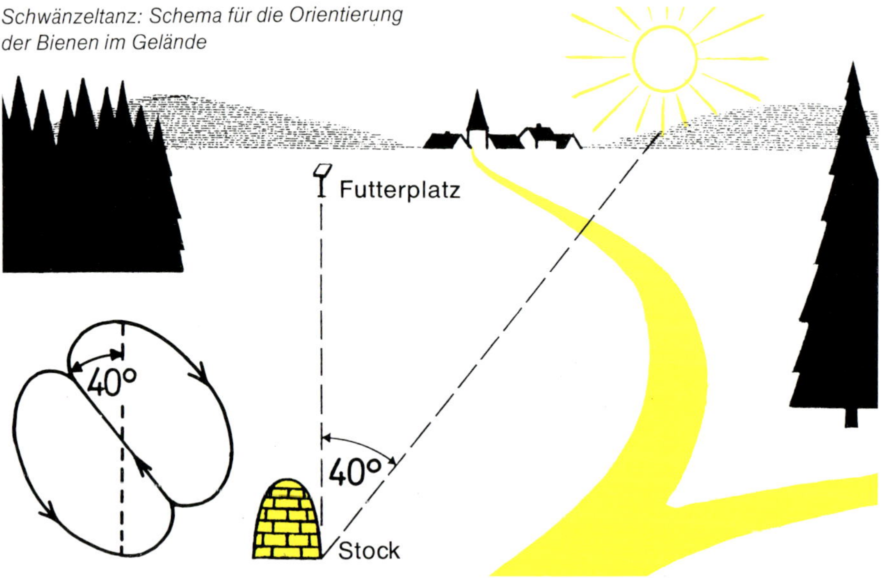

**Schwänzeltanz:
Tanzrichtungen bei gleichem
Sonnenstand und unterschiedlicher
Lage der Futterplätze
(Bienenkompaß).**

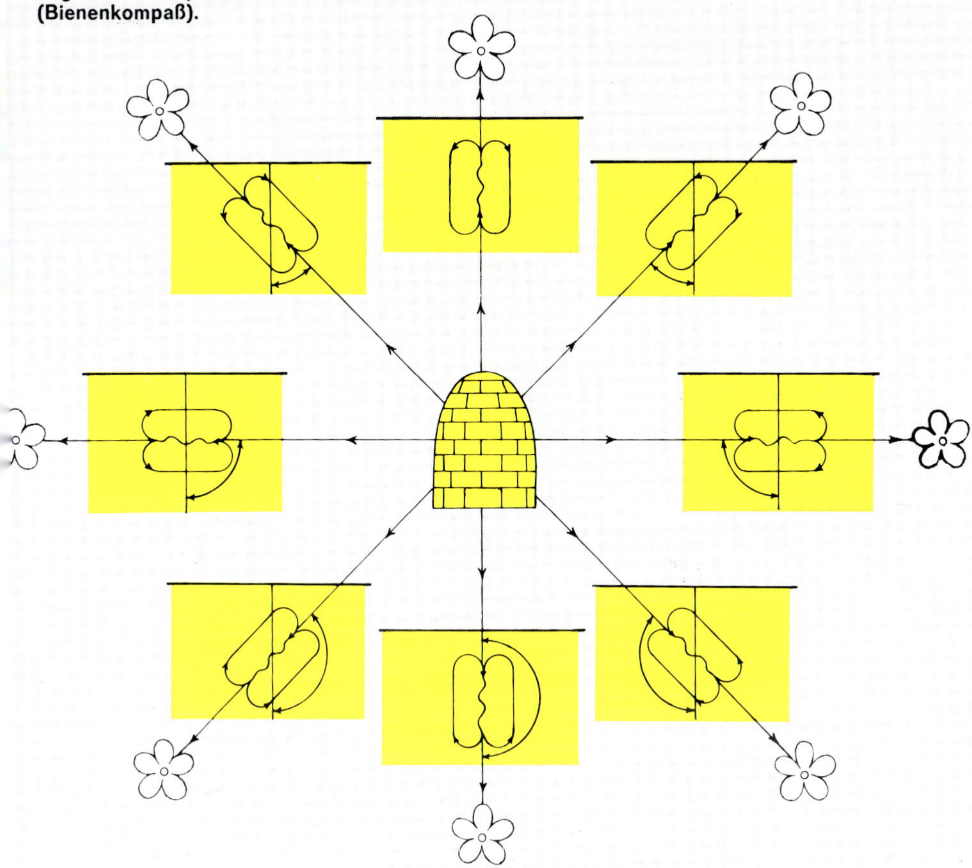

Situation: Wir, als Beobachter, stehen hinter dem Bienenstock mit Blickrichtung gegen die Sonne. Der äußere Kreis stellt 8 verschieden gelegene Trachtquellen dar, die über 100 m vom Stock entfernt sind. In der Mitte der Bienenstock mit Flugfront gegen die Sonne. Der innere Kreis zeigt 8 Brutwaben, auf denen die Tanzbilder, die dem jeweiligen Standort der Trachtquellen entsprechen, aufgezeichnet sind. Die senkrechte Linie auf den Waben bedeutet für die Bienen immer die Richtung Bienenstock–Sonne. Die dick ausgezogene, waagerechte Linie ist die Tragleiste der Wabe.

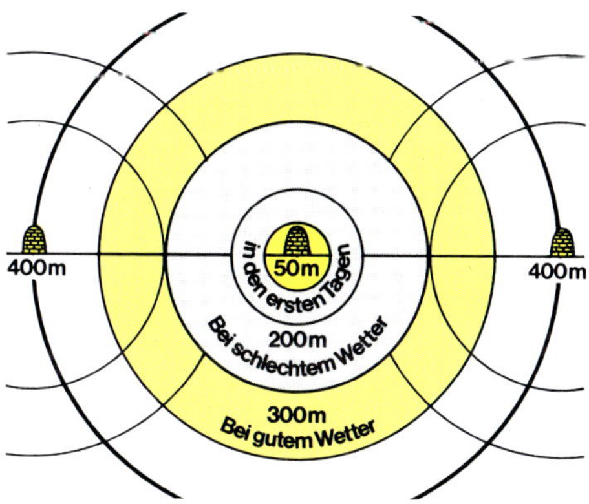

Flugkreis der Bienen und Abstand der Stände

Ausflug und nach dem Besuch der Blüten, auch während kurzer Ruhepausen reinigt sich die Biene, beginnend mit dem „Naseputzen". Das deutet darauf hin, daß sie sich vor allem durch Düfte leiten läßt.

Der schönste Duft veredelter Rosen ist allerdings für sie gänzlich uninteressant, denn nur solche duftenden Blüten lenken ihre Aufmerksamkeit auf sich, die in ihren Nektarien Blütensaft hervorbringen. Auch nichtduftende Nahrungsquellen fliegt die Biene an. Ihr Geruchssinn muß also im Zusammenhang mit ihrem Geschmackssinn genannt werden. Stellt man eine Schale mit Zuckerwasser auf, so finden die Bienen diese Nahrungsquelle nach kurzer Zeit und fliegen sie an, bis sie die süße Flüssigkeit aufgesaugt haben.

Man kann das Riechen nicht isoliert beurteilen, denn der Sinn des Ausfliegens der Bienen ist durch die Nahrungsaufnahme zweckbestimmt. Ebenso wie das, was die Biene sieht, sind auch die Dufteinwirkungen und Geschmacksempfindungen Orientierungshilfen. Für das Verhalten der Bienen in ihrer Umwelt ist dieser Zusammenhang von grundsätzlicher Bedeutung. Die Meinung, daß duftende Hautpflegemittel, Seifen oder Haarwaschmittel die Bienen anlocken oder aggressiv machen, ist das Ergebnis einer Fehleinschätzung. Um es deutlich zu sagen: Die Biene hält sich nicht dauernd im Luftraum auf, lebt nicht darin, sondern durchfliegt ihn, um an ihre Nahrung zu gelangen. Nur einzelne Spürbienen schnuppern herum, offensichtlich mit einem guten Gedächtnis für Düfte ausgestattet, das es ihnen ermöglicht, zwischen angenehmen, das heißt nahrungsversprechenden, und unangenehmen, das heißt uninteressanten Düften zu unterscheiden. Die Biene läßt sich eben nicht durch das reiche Angebot unzähliger Düfte verwirren, sondern sie nimmt aus der Wirklichkeit den Duftbereich wahr, der sich ihr als die duftende Umwelt darstellt.

Selbstverständlich können künstliche Duftstoffe, mit denen sich der Mensch parfümiert, diesen Duftbereich berühren, aber nicht veranlassen, daß die Bienen darauf reagieren.

Mit ihrer Nase riecht die Biene übrigens nicht besser als der Mensch mit seiner. Wichtig ist für sie ein Duft, der alle Düfte in seiner Wirksamkeit übersteigt, nämlich der selbsterzeugte, aus ihren Duftdrüsen strömende Duft. Die „sterzelnde“ Biene, die ihren Hinterleib hochstellt und mit Flügelschlägen den Duft verbreitet, lockt damit ihre Artgenossen — und nur diese — an.

Sie sterzelt, wenn die jungen Flugbienen ihre Probeflüge, das Vorspiel, unternehmen, wenn sich die Königin zum Hochzeitsflug entfernt hat und wenn der Schwarm in seine neue Wohnung einzieht.

Extrem stinkende Gerüche, z. B. Skatol oder fauliger Gestank, besonders der, der von Aas ausgeht, wirken auf der anderen Seite so abstoßend, daß sich die Bienen davon fernhalten. Deshalb gilt die Honigbiene im Gegensatz zu den Wespen als reinliches Tier. Nicht nur der Honig ist ein von schädlichen Beimischungen freies Naturprodukt, sondern auch der Stich der Bienen stellt keine Gefahr dar, daß Unrat in die Wunde übertragen wird, was beim Wespenstich nicht auszuschließen ist.

Sauberkeit ist der Biene angeboren. Ist in die Beute eine Spitzmaus eingedrungen und dort verendet, überziehen die Bienen die Leiche mit einer Wachsschicht, balsamieren also den Körper ein, um die Verwesungsgerüche zu verhindern, weil sie die tote Maus nicht aus dem Stock entfernen können.

Die Honigbiene verfügt über ein gutes Gedächtnis für Geruchs- und Geschmackseindrücke. Es gelingt, mit listiger Anordnung eine Duftlenkung zu erreichen, aber sie hat im

Grunde keinen größeren Wert als ihn ein Experiment besitzt. Man kann den Bienen abends eine Zuckerlösung einfüttern, die man durch Eintauchen von Blüten mit Duftstoffen versehen hat. Sie suchen am nächsten Morgen zunächst diese Blüten auf, aber sie würden diese Nahrungsquelle auch befliegen, wenn man sie nicht darauf dressiert hätte, denn sie lassen trotz Duftlenkung davon ab, wenn die Blüten nichts hergeben.

Als merkwürdig gilt, daß eine 2%ige Zuckerlösung, die noch deutlich süß schmeckt, von den Bienen von klarem Wasser nicht unterschieden wird. Bei so dünner Lösung würde es mehr Kraft kosten, das Wasser zu verdunsten, als der ge-

Sterzelnde Biene

Bienenschwarm

wonnene Nährstoff ihnen brächte. Solcher Unsinn ist der Natur fremd, denn er würde der Arterhaltung widersprechen. Diese Beobachtung ist vielleicht geeignet, den Sinn der Schöpfung und der Entwicklung der Lebewesen zu begreifen, sie steht auch im Zusammenhang mit der Frage, wie es kommt, daß die Bienen den Blütensaft einer Zuckerlösung vorziehen, weshalb man sie auch als „Feinschmecker" bezeichnet.

Sie labt sich nicht genüßlich an den für sie wertvollen oder an Stoffen, die ihr eigentlich nicht zukommen; für sie gilt nicht das Wort: Die Zunge ist der Feind des Magens. Sie nimmt allerdings gelegentlich auch Stoffe auf, über deren Wert oder Unwert sie nicht entscheiden kann. So „höselt" sie, wenn kein Pollenangebot vorhanden ist, das, was ihr an Ersatzstoffen angeboten wird. Selbst Sägemehl nimmt sie an, von Giftstoffen ganz zu schweigen, die ihr durch Pflanzenschutzmittel in die Nahrung gestäubt oder gespritzt werden.

In mageren Zeiten nimmt sie mit allem vorlieb, was Süßstoffe enthält, und ernährt sich vom Fruchtsaft überreifer Früchte, z. B. aus Himbeeren, Erdbeeren und Kirschen, besonders, wenn die Wespen die schützende Schale von Äpfeln, Birnen oder Trauben angenagt haben. Auch verschmäht sie nicht Süßstoffe, die die Lachniden, d. s. Kerbtiere, die sich von Nadeln und Blättern der Bäume ernähren, abstoßen. Wenn die Waldbäume an ihren Zweigen dieses Nahrungsangebot zeigen, verwandeln sie es in den hochgeschätzten Waldhonig, der sich durch einen besonders hohen Gehalt an Wirkstoffen auszeichnet, weil er zweimal, nämlich von den Lachniden und den Bienen, damit angereichert ist.

Die Geschmacksnerven der Bienenzunge erfüllen die Aufgabe, den ausreichenden Gehalt an Süßstoffen zu ermitteln, und stellen somit ein wichtiges Orientierungsmittel dar, das den Erfolg der Nahrungssuche anzeigt.

Hören und Fühlen

Die Bienen haben keine Ohren. Das Reich der Töne ist für sie nicht vorhanden, denn sie haben dafür kein Organ entwickelt. Diese Tatsache unterstreicht die Feststellung, daß die Bienen nur einen bestimmten Ausschnitt der Wirklichkeit als ihre Umwelt empfinden. Allerdings nehmen sie Vibrationen wahr, also Schwingungen, die ein Resonanzboden überträgt. Mit Hilfe ihrer an den Beinen sitzenden Tastorgane empfangen sie die Auswirkungen besonders dumpfer Töne, wenn sie auf ihren Beinen stehen oder, wie der Imker sagt, auf den Waben sitzen. Nichts läßt so deutlich erkennen, wie schwierig es ist, sich mit dem Gefühlsleben der Bienen vertraut zu machen, als dieses Phänomen, daß zu dem Stummsein der Kreatur hier noch die Taubheit hinzukommt.

Es führt zu Mißverständnissen, wenn man von einer Sprache der Bienen redet. Zwar erzeugen sie Töne, die Rückschlüsse auf ihr Verhalten und ihre Empfindungen zulassen. Das Summen der Bienen, das „dröhnende" Geräusch der Drohnen, der „Stechton", den die angreifende Biene ertönen läßt, das Aufbrausen des Bienenstockes bei Störungen, das „Heulen" bei Fehlen einer Königin (Weisellosigkeit), das Brausen eines Schwarmes — das alles darf nicht als tierische Sprache angesehen werden, denn es sind nur Geräusche, die die Bienen nicht hören können. Sprache ist ein lautliches Verständigungsmittel, das die Bienen nicht kennen. Sie müssen sich durch Zeichensprache, z. B. den Schwänzeltanz und die Duftsprache, die dem Menschen weitgehend fremd ist, Mitteilungen machen.

Darüber hinaus kennen sie noch ein Verständigungsmittel: das Fühlen mit ihren Fühlern; denn diese sind nicht nur Nase, sondern auch das, was ihr Name sagt. Neben den Riechgruben stehen Haarbüschel, mit denen die Bienen im Dunkel des Bienenstockes sozusagen sehen, nämlich füh-

Wespe

Hummel an einer Kastanienblüte

Biene an einem Schneeglöckchen

Bienenhaus

len und riechen, wie die Spürbienen ihren Schwänzeltanz ausführen, um ihnen Ziel und Richtung für den Ausflug anzugeben.

Daß ein stummes, taubes und im Dunkeln nahezu blindes Tier mit Geruch- und Tastsinn das ersetzt, was andere Tiere hören und sehen können, ist bemerkenswert und verdient Beachtung.

Der fein ausgebildete Tastsinn, für den es keine meßbaren Vergleiche gibt, registriert Erschütterungen als Warnzeichen. Er unterscheidet dabei schaukelnde Bewegungen von stoßenden. In jedem Falle nehmen die Bienen zunächst eine „Habt-acht"-Stellung ein. Der Imker weiß, daß das vorsichtige, stoßfreie Umsetzen einer Beute und ihr Transport auf einem Gefährt die Bienen veranlaßt, sich in einer „Wandertraube" zusammenzusetzen und sich ruhig aneinander und auf den Waben festzuhalten. Er beobachtet, daß sie sich aus dieser Haltung erst wieder lösen, wenn der Transport beendet ist. Offensichtlich haben sie einst in Bäumen hausen können und dabei das vom Wind erzeugte Schaukeln ihrer Behausung mit Fassung (!) ertragen, aber das Aufhören des Sturms als Zeichen der Entwarnung empfunden.

Stöße allerdings, zumal wenn sie wiederholt erfolgen oder sehr heftig sind, regen den Bienenstock auf, und er beantwortet sie mit Abwehr- und Angriffshandlungen.

Völlig taub sind die Bienen freilich nicht, wie sie ja auch nicht völlig blind sind. Ja, sie sind sogar nicht völlig stumm. Wenn der Vorschwarm abgegangen ist, dann fängt die junge Königin an zu „tüten", zumal wenn weitere Jungköniginnen schlüpfreif sind. Dieses „Tüten" ist ein sonores Tönen von ziemlicher Lautstärke. Sie preßt sich dabei an die Wabe und erschüttert diese durch die Schallwellen. Mit einem dumpferen Quaken antworten die noch in ihren Zellen steckenden Schlüpfköniginnen. Die Bedeutung dieses Vorganges ist noch weitgehend ungeklärt. Er steht aber sicherlich im Zusammenhang mit der Vorbereitung des Nachschwärmens. Dieses Signal teilt sich dem ganzen Bienenstock mit, jedoch verharren die Bienen in einer Wartestellung, wenigstens zeigen sie keine Aufregung.

Das Tüten ist ein Urlaut wie ein gellender Schrei, ein seltsamer lautlicher Ausdruck der stummen Kreatur. Unter vielen erstaunlichen Beobachtungen macht er einen ergreifenden Eindruck, weil er völlig außerhalb des Üblichen und Gewohnten angesiedelt ist. Mit Urgewalt zerreißt die Königin die Stille und durchbricht das Stummsein. Es handelt sich nicht etwa lediglich um die Steigerung gewohnter Töne, sondern um ein ungewöhnliches Phänomen, ein einzigartiges akustisches Signal. *„Natura non facit saltus"*, sagt LINNÉ. Die Natur macht keine Sprünge. Macht sie wirklich keine? (vgl. Kapitel: Wachstum und Fortpflanzung).

Fassen wir das Ergebnis dieser Betrachtung zusammen, so ergibt sich, daß die Sinnesorgane der Honigbiene zweckbestimmte Aufgaben haben; keines darf ohne Beachtung der übrigen in seiner Wirkungsweise beurteilt werden.

Die Bienen sehen, riechen, schmecken, hören und fühlen auf ihre Art und nehmen ihren Ausschnitt aus der Wirklichkeit wahr, der anders bestimmt ist, als die Umwelt, wie sie der Mensch mit seinen Sinnen begreift.

Daß die Bienen keinen Kontakt zum Menschen haben können, wie er es von seinen Haustieren gewohnt ist, ergibt sich daraus deutlich. Wenn er ihnen aber begegnet, muß er Verständnis für die Welt der Bienen aufbringen und kann es auch. Die Bienen gehören zu unserer Umwelt und können ihren Lebensanspruch nur verwirklichen, wenn die Mitwelt ihre natürlichen Eigenheiten kennt und beachtet.

Wanderstand in der Heide (Magazinbeuten)

Korbbienenstand

Die Reaktionen der Honigbiene

Für jede Tierart ist es kennzeichnend, wie abhängig sie von den gegebenen Lebensumständen ist und auf Veränderungen in ihrer Umwelt antwortet. Vor allem spielen der Unterschied von Tag und Nacht, die Jahreszeiten, das wechselnde Wetter, das sporadische Nahrungsangebot und andere, von außen wirkende Einflüsse eine Rolle. Wenn man die Lebensbedingungen der Honigbiene untersucht, erfährt man, ein wie geringer Spielraum ihr bleibt, um ihr Leben zu fristen und weshalb sie sich derart angepaßt verhält.

Sie fliegt bei Dunkelheit nicht aus, weil die Blüten abends ihre Kelche schließen. Es gibt nichts zu holen. Die Bienen sind auf die Blüten vollkommen angewiesen. Sie fliegen allein zur Nahrungsaufnahme aus. Da die Nacht nicht ohne Übergang auf den Tag folgt, ist die Frage von Bedeutung, wie sich die Bienen in der Dämmerung verhalten, weil bestimmte bienengefährliche Pflanzenschutzmittel erst nach Einstellung des Bienenfluges ausgebracht werden dürfen.

Grundsätzlich darf man davon ausgehen, daß sie bei Eintritt der Dämmerung nicht mehr erneut ausfliegen. Das besagt aber nicht, daß nicht manche während der Dämmerung heimkehren. Es ist dabei zu unterscheiden, ob das Pflanzenschutzmittel auf ein von Bienen beflogenes Feld gebracht werden soll oder auf ein anderes, das die Bienen am Tage weder beflogen noch überflogen haben. Es kommt auch darauf an, welche Temperatur und welches Kleinstklima im beflogenen Feldstück herrscht. Wenn also die Blüten in der Dämmerung noch Nahrung hergeben, halten sich dort noch Bienen auf.

Anders ist die Situation am frühen Morgen. Bei Tagesanbruch setzt der Bienenflug intensiv erst ein, wenn sich die Blüten wieder geöffnet haben. Das geschieht meist nicht vor 10 Uhr morgens. Allerdings kann schwüles Wetter die Bienen eher herauslocken. In den frühen Morgenstunden sind regelmäßig nur einzelne Spürbienen und die Wasserholer unterwegs. Deshalb lassen sich Gartenarbeiten am besten in dieser Zeit durchführen, wenn stärkerer Bienenflug lästig erscheint.

Grundsätzlich können die Bienen erst bei Temperaturen von mindestens 9° C fliegen, weil sie keine eigene Körperwärme besitzen und den Temperaturunterschied durch die Bewegungen der Flügel nur um etwa 3° C erhöhen. Bei Regenwetter verlassen sie ihren Stock nicht und kehren bei aufziehendem Wetter zurück. Die Regentropfen drücken sie nicht nur wegen ihrer Schwere zu Boden, sondern die Feuchtigkeit beeinträchtigt auch ihre Atmung.

Besondere Vorkehrungen müssen bei der Fütterung der Bienen getroffen werden, damit sie nicht in der Flüssigkeit umkommen. Zwar schwimmt die Biene wegen ihres geringen Gewichtes zunächst an der Oberfläche, und ein Strohhalm könnte sie retten. An der Luft wird sie sich wieder trocknen können. Wenn aber die Flüssigkeit eine Zuckerlösung ist, verkleben ihre Atmungskapillaren, die Tracheen, und sie erstickt. Das gleiche gilt, wenn sie in Honigreste gelangt und sich mit der klebrigen Masse beschmiert.

Die Honigbiene kann ihren Körper nur von trockenen Substanzen reinigen, den Staub mit ihren Bürstenhaaren abstreifen. Jedermann ist bekannt, daß alle Insekten ähnlich reagieren. Man kann Fliegen auf Leimruten (Fliegenfängern) und Wespen in einer aromatischen Flüssigkeit abfangen. Frevelhaft und unerlaubt ist es aber, Bienen, die ja im Eigentum eines Imkers stehen, anzulocken, um sie in ähnlicher Weise zu vernichten oder sie durch falsche oder fehlerhafte Anwendung und Aufbewahrung von Pflanzenschutzmitteln zu vergiften.

Auch völlig unbeabsichtigt können Wasserstellen den Bienen zum Verhängnis werden, z. B. Schwimmbecken oder mit Wasser gefüllte Wannen, an deren Wänden sie sich nicht halten können. Nur wenn die Bienen am Rande eines Baches oder Teiches oder auf den Wasserpflanzen, also auf festem Grunde, Fuß fassen können, ohne hineinzufallen, sind dieses geeignete Tränken. Am liebsten saugen die Bienen das Wasser aus feuchtem Sand oder von Laufbrettern, auf die das Wasser tropft. Sogar aus flachen Vogeltränken nehmen sie Wasser auf, ohne in Gefahr zu geraten. Je wärmer die Flüssigkeit ist, desto lieber ist es ihnen.

Es ist schon recht ärgerlich, wenn im Wasser des Schwimmbeckens im Freien (Swimmingpool) tote Bienen schwimmen. Um solchen Ärger zu vermeiden, muß der Nachbar den Imker auf den unerfreulichen Zustand aufmerksam machen, um ihm Gelegenheit zu geben, ihn abzuändern. Legt sich nämlich der Imker statt seiner Bienentränke einen sonnenbeschienenen Teich an, so verzichten seine Wasserholer auf das Badewasser. Allerdings werden sie einen Zierteich des

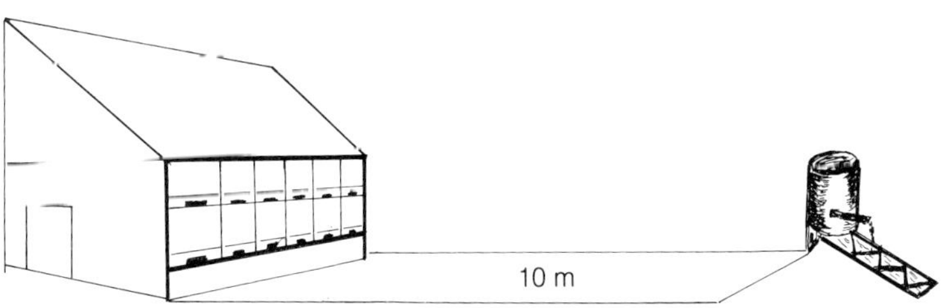

Die Bienentränke nicht unmittelbar vor dem Bienenhaus aufstellen

Nachbarn ebenso gern besuchen. Zum Glück sind die Bienen an der Wasserstelle friedlich. Der Nachbar muß ihnen allerdings den ungestörten Rückflug gestatten. Ein bienenfreundlicher Gartenbesitzer wird die Anlage so gestalten, daß der nachbarliche Frieden nicht darunter leidet. Ein Teich, der von Buschwerk umgeben ist, weist den Bienen den Weg in die Höhe, so daß sie keinem Menschen begegnen. Wer das für notwendig hält, sollte sich seinen Zierteich entsprechend herrichten. Wer Vögel füttert, streut ihnen die Körner nicht auf den Erdboden, weil er so mit der Zeit Mäuse anlokken könnte. Er bringt sein Vogelhäuschen so an, daß Katze und Maus fernbleiben. Ähnlich wie ein Vogelliebhaber kann jeder handeln, wenn er Sorge hat, den Bienen im Garten zu begegnen. Ohne die Bereitschaft, das Verhalten der Tiere zu berücksichtigen, läßt sich ein Umgang mit den gefiederten und geflügelten Besuchern unserer Gärten kaum ohne unangenehme Folgen erreichen.

Man könnte also sagen, daß die Biene wasserscheu ist, aber man muß hinzufügen, daß sie Durst hat. Nicht die natürlichen Wasserstellen sind ihr gefährlich, sondern nur die künstlichen, die vom Menschen erdachten können es sein. Die Biene, die sich in Millionen Jahren an die Umweltbedingungen angepaßt hat, kann sich nicht behaupten, wenn der Mensch, insonderheit der Wohlstandsbürger, ungenügend überlegte Einrichtungen trifft, die ihr zum Verhängnis werden.

Vor allem hat sich die Honigbiene der Tatsache angepaßt, daß es nur hier und da blüht und nur an wenigen Tagen eine erhebliche Tracht eintritt. Der Blütenstaub von den Haselnußsträuchern und den Weidenkätzchen verlockt sie zu den ersten Ausflügen im Frühling, wie auch das Nektarangebot von Schneeglöckchen und Krokus.

Einen stärkeren Beflug erleben nach der Stachelbeere die Obstbäume — zunächst nur in einem beschränkten Umkreis. Die Imkerei ist eben sehr viel mehr vom Wetter abhängig als die übrige Landwirtschaft. Am Obstansatz kann man es nachträglich feststellen, ob es den Bienen geglückt ist, die Blüten zu bestäuben.

Sobald das Angebot im Laufe des Jahres vielfältiger wird, wenn auch nicht immer ergiebiger, zeigt sich, daß an den meisten Tagen nur eine „Läppertracht“ zur Verfügung steht.

Ausweichen

So verständlich es ist, daß Regenwetter die Bienen am Ausflug hindert, so sicher ist es, die Bienen mit künstlichen Schlechtwetterbedingungen zu vertreiben. Wo man den Rasen sprengt, können sie sich nicht aufhalten und leichtes Besprühen mit Wasser zwingt den Schwarm, sich alsbald an einem Baumast anzusetzen. Wind macht ihnen nichts aus, wenn er nicht als Sturm eine Stärke erreicht, gegen die sie nicht ankommen können. Sie fliegen in der offenen Landschaft in Bodennähe, wo die Windgeschwindigkeit am schwächsten ist.

Vor allem sind es Atmungsschwierigkeiten, die die Bienen nicht vertragen können. So vermeiden sie Qualm und lassen sich leicht durch etwas Rauch zum Rückzug bewegen. Es gibt aber keine Methode, sie gänzlich in die Flucht zu schlagen, denn sie kommen wieder. Sie ziehen sich also zunächst ängstlich zurück. Nur ein Übermaß von Einwirkungen könnte sie in Panik versetzen.

Unleidlich ist für sie jede Art der Freiheitsberaubung. Unermüdlich läuft die Biene an einer Fensterscheibe auf und ab, um ins Freie zu gelangen. Bienen lassen sich nicht einsper-

Die Biene vor der Fensterscheibe abfangen und ins Freie bringen

Bild 1

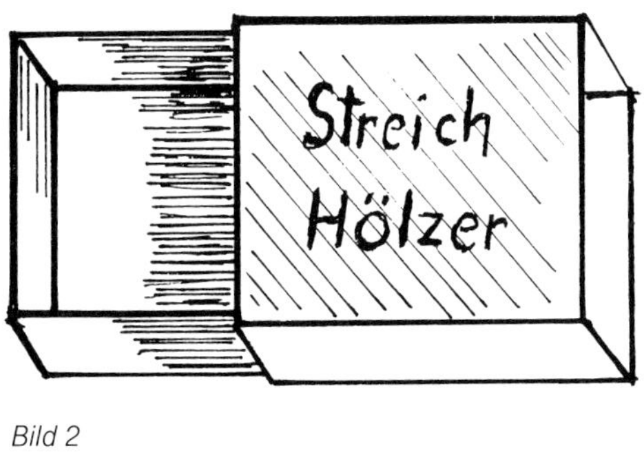

Bild 2

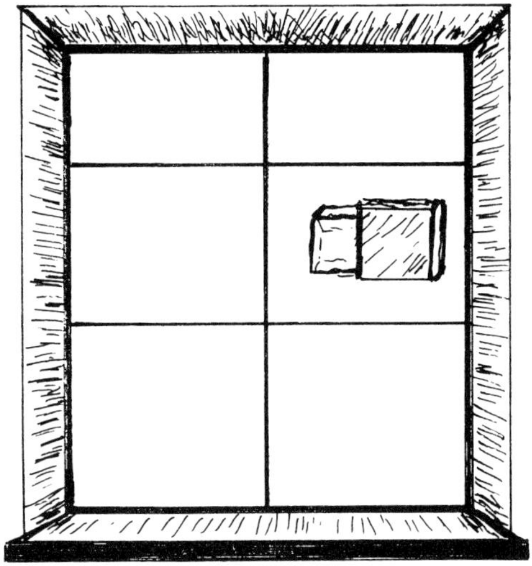

Bild 3

Bild 4

ren, sie drängen aus Räumen stürmisch nach draußen, um ihren Stock zu erreichen. Dadurch unterscheiden sie sich von allen anderen Haustieren. Für sie ist die freie Bewegung in guter Luft so wichtig wie für den Fisch das Schwimmen im klaren Wasser. Bei den Bienen kommt hinzu, daß sie als Einzelwesen nur eine geringe Zeitspanne überleben können, solange sie in ihrer Honigblase einen Nahrungsvorrat bei sich führen. In ihrem Stock finden sie Schutz, Nahrung, Wärme und Geborgenheit.

Daß die Biene ängstlich ist und jeder Störung ausweicht, will manchmal denen nicht einleuchten, die Angst vor ihr haben. Und doch ist es so, denn ihr Verhalten ist geprägt durch das störungsfreie Leben in ihrem Stock. Wie die Bienen sich einst instinktiv eine versteckte Höhle zum Aufenthalt suchten, das bietet der Imker ihnen, indem er seine Bienenkästen dort aufstellt, wo sie ungestört sind.

Verharren

Eine der eigenartigsten Verhaltensweisen der Honigbiene ist die Verzögerung einer spontanen Angriffsreaktion. Der Bienenstock bewacht zwar sein Flugloch und versucht, das Eindringen von fremden Insekten zu verhindern, aber diese Vorgänge versetzen die Gesamtheit nicht in Aufregung. Nur die Bienen, die man als „Wächter“ bezeichnet, gehen zur Abwehr über. Man könnte sagen: Der Bienenstock verhält sich in diesem Punkte ähnlich wie ein Wirbeltier, das lästige Insekten abschüttelt.

Aber selbst bei erheblichen Eingriffen, die der Imker vornimmt, wenn er im Bienenkorb die Waben ausschneidet oder aus dem Bienenkasten Waben herausnimmt, reagieren die Bienen ohne spontane Angriffshandlungen. Man kann den Bienenkorb umkehren, ihn versetzen und den ausgeflogenen Bienen die Rückkehr in ihren Stock unmöglich machen. Sie gehen nicht zum Angriff über. Das hängt zweifellos damit zusammen, daß der Bienenstock kein zentrales Nervensystem besitzt, also weder die Störung registrieren noch eine Handlung auslösen kann. Dieser Mangel zwingt die Bienen, zunächst in eine „Habt-acht"-Stellung zu gehen. Jede einzelne versorgt sich dabei mit einem Futtervorrat und verharrt abwartend. Geht die Störung ohne Bedrängnis für einzelne Bienen vor sich, paßt sich der Bienenstock in dieser Haltung der Situation an.

Eine Erklärung ist auch darin zu suchen, daß schaukelnde Bewegungen ihres Nestes in den hohlen Bäumen von einst bewirkten, daß sie sich an den Waben und aneinander festhalten mußten. Instinktiv reagieren sie gelassen.

Ebenso passen sich Bienenvölker, die ein Streckenwärter der Eisenbahn neben den Bahnkörper stellt, den wiederholten Störungen durch vorbeirauschende Züge und den damit verbundenen Erschütterungen an — wie Menschen, die in der Nähe der Bahngleise wohnen.

Der Imker nutzt also die Unfähigkeit der Bienen zu spontanen Reaktionen aus. Überraschende Eingriffe, wenn sie ohne Hast und ohne erhebliche Erschütterung vorgenommen werden, werden von ihnen durch geduldiges Verharren ertragen. Das schließt allerdings nicht aus, daß einzelne Bienen anders reagieren als die Gesamtheit. Um das zu verstehen, bedarf es einer Untersuchung der auslösenden Momente für einen Angriff.

Angriff

Die Ursachen, die den Angriff durch die Bienen hervorrufen, sind vielschichtig, denn zum einen kann er zum Zwecke der Nestverteidigung erfolgen, zum anderen kann sich die einzelne Biene als selbständig handelndes Insekt wehren, wenn sie sich bedroht fühlt.

Der Angriff vom Bienenstock erfolgt fast ausschließlich durch das Flugloch. Die Flugbienen, die gewohnheitsmäßig hier abfliegen, führen den Angriff durch, indem sie auf den vermeintlichen Angreifer, Tier oder Mensch, zufliegen, den sie durch den Geruch entdecken. Sie stürzen sich nicht auf ihn, sondern umschwirren ihn, wobei sie den sogenannten „Stechton" abgeben. Das heißt also, daß sie sich zunächst davon überzeugen, daß es sich um ein Lebewesen handelt. Dieses kann entweder die Flucht ergreifen oder muß den Stich erwarten. Will die betroffene Person den Stich dadurch abwehren, daß sie nach der Biene schlägt, dann wird sie sicher gestochen werden. Versucht sie, eiligst zu fliehen, wird sie unnachsichtig verfolgt. Tritt sie aber gelassen in den Schatten eines Baumes oder ins Haus, so kann die Biene zwar, durch den Geruch gelenkt, ihr folgen, aber das Angriffsziel nicht deutlich erkennen und läßt schließlich davon ab. Ein Stich ist also bei besonnenem Verhalten zu vermeiden. Ruhig bleiben, die Gartenarbeit an dieser Stelle unterbrechen und gemächlich fortgehen, heißt die Losung. Wer Angst zeigt, wird leichter gestochen, weil die stärkeren Ausdünstungen das Ziel der Biene deutlicher kenntlich machen.

Sie sticht meist ins Gesicht oder wühlt sich in die Haare ein, wenn weder Hut noch Kopftuch getragen werden.

Sieht man von den zufälligen Zusammenstößen ab, die durch das Flugverhalten der Bienen hervorgerufen werden und die Hauptursache für Bienenstiche darstellen, kommen im wesentlichen nur zwei Ursachen in Frage: Entweder arbeitet der Imker an seinen Völkern oder die Bienen werden durch Erschütterungen, die von außen erfolgen, alarmiert.

Wenn der Imker Honig entnimmt oder andere Arbeiten verrichtet, treibt er mit etwas Rauch die Bienen in den Stock. Sind die Flugbienen zu dieser Zeit nicht unterwegs zum Eintragen von Nahrungstoffen, dann können sie den Stock verlassen, um den Verursacher der Störung vor dem Bienenstand zu suchen. Da sie nicht in das Bienenhaus eindringen können, sind Mensch und Tier, die sich draußen aufhalten, Angriffsobjekte. Der Imker kann eine solche Angriffsursache ausschalten, indem er den Honigraum absperrt und die Flugbienen aus ihm abfliegen läßt. Die Jungbienen, deren Giftblase noch nicht gefüllt ist, stechen nicht und fliegen nicht ab, wenn in ihrer Gegenwart der Honig entnommen wird.

Zum anderen kann durch lärmende Garten- oder Ackergeräte, die in der Nähe des Bienenstandes betätigt werden, ein Angriff ausgelöst werden. Die Schallwellen und Bodenerschütterungen versetzen den Bienenstock in Aufregung. Brummen sie nicht lauter als ein Bär? Ausfliegende Bienen versuchen, den Verursacher dieser Geräusche zu vertreiben. Derjenige, der eine solche lärmende Maschine benutzt, hört die zum Angriff bereite Biene nicht und wird erst aufmerksam, wenn er gestochen wird. Das Abstellen des Motors und die Unterbrechung der Arbeit vermeiden weitere Angriffe.

Daß sich die einzelne Biene wehrt, wenn sie sich angegriffen fühlt, ist selbstverständlich. Je mehr man mit den Armen herumfuchtelt, desto besser können die Bienen uns sehen. Diese Art des Angriffs kommt häufig dadurch zustande, daß die Biene in friedlicher Absicht eine Person als willkommenen Landeplatz benutzt. Schlägt man nun nach ihr, beantwortet sie den Angriff mit einem Gegenangriff. Wenn sie sich allerdings ins Haar setzt, sticht sie instinktiv.

Manche Leute meinen, man könnte nicht wissen, ob sich die Biene in harmloser Weise nähert oder mit der Absicht, zu stechen. Diese Frage ist leicht zu beantworten. Die Biene, die stechen will, umschwirrt den Menschen. Am Stechton ist ihre Absicht erkennbar. Eine Biene, die sich ohne dieses Geräusch nähert, kommt in friedlicher Absicht. Die meisten Stiche erfolgen allerdings bei einem Zusammenstoß. Hier kann man nur sagen, die Biene nähert sich nicht, sondern sie hat bereits gestochen, bevor man sie überhaupt beobachtet hat.

Das Verhalten der Honigbiene . . .

Seit Urzeiten hat der Mensch das Verhalten der wildlebenden Tiere beobachtet, allerdings vor allem mit der Absicht, die Jagd erfolgreich zu bestehen. Bei der Jagdleidenschaft spielt stets die Lust an der Beobachtung der Tiere in der freien Wildbahn eine bedeutende Rolle. Die Jagd auf die Bienen, um als Beute den Honig einzuheimsen, gibt es nicht mehr. Die Zeidler (Honigschneider) von einst, die die Bäume erstiegen, in denen die Bienen hausten, sind ausgestorben. Die Honigbiene lebt nicht mehr wild. Die Beobachtung und Erforschung des Verhaltens der Bienen ist aber geblieben und wurde noch wichtiger, seit der Mensch es verstand, die ihm zugeflogenen Schwärme in Baumstümpfen und Strohkörben zu halten. Die Voraussetzung jeder Bienenhaltung ist seit diesen frühen Zeiten stets die gleiche geblieben: die stille Beobachtung und die daraus hergeleitete Erfahrung.

Die moderne akademische Verhaltensforschung hat zum Unterschied davon allein das wissenschaftliche Ziel, die biologischen Erkenntnisse zu erweitern. So ergeben sich aus Erfahrung und Forschung Einblicke in die Zusammenhänge. Auch der Laie tut gut daran, die Bienen ein klein wenig zu beobachten, ein bißchen Obacht zu geben und sich mit den Lebensgewohnheiten der Bienen vertraut zu machen.

. . . in der Umwelt

Die Bienen werden nicht nur in ferngelegenen Wäldern gehalten und können auch nicht in Ställen oder auf umzäunten

Weideplätzen festgehalten werden, sondern besuchen jedermanns Garten. Sie sind Teilhaber bei der Gartennutzung, Gäste, denen man den Zutritt zum privaten Erholungsbereich nicht verwehren kann, und Beteiligte am Naturgenuß. Sie sind — um es ganz deutlich zu sagen — ein vorgegebenes Zubehör, wenn jemand Eigentum an einem Grundstück erwirbt. Sie gehören also zur Umwelt von uns allen.

Die rechtliche Folge besteht in einer Einschränkung des Eigentumbegriffs, die juristisch als Duldungspflicht bezeichnet wird. Im bürgerlichen Recht wird sie mit dem konkurrierenden Eigentumsanspruch des Bienenhalters begründet. Grundsätzlich kommt aber bei der Duldungspflicht die Tatsache hinzu, daß die Honigbiene kein Schädling ist zum Unterschied von vielem, was kreucht und fleucht. Es besteht also kein dringendes Erfordernis, sie fernzuhalten.

Selbstverständlich hat auch die Duldungspflicht ihre Grenzen und endet dort, wo eine erhebliche Belästigung vorliegt. Dabei muß allerdings berücksichtigt werden, daß nicht nur eine passive Duldung gemeint ist, sondern zugleich einen gewissen Grad von Rücksichtnahme einschließt. Ohne jedes Bemühen, den Konflikt zu vermeiden, wäre ein friedliches Auskommen zwischen Mensch und Tier unmöglich. Somit ergibt sich, daß einige Kenntnis der Spielregeln im Umgang mit Bienen unerläßlich ist.

Für ihr Verhalten in der Umwelt ist die Ernährungsgrundlage entscheidend. Da die Honigbiene — im Gegensatz zu den Wespen — nicht vom Raub lebt, insbesondere sich nicht von Insekten ernährt, verhält sie sich im allgemeinen friedlich in ihrer Umwelt. Weil sie außerdem mit keinem Tier um ihre Nahrungsquellen kämpfen muß, zeigt sie bei der Nahrungssuche keine Angriffslust.

Sie ist aber von Feinden bedroht. Diese sind nicht nur die Honigräuber, die in ihren Stock einzudringen versuchen, wie

Spitzmäuse, Wespen, Ameisen und fremde Bienen, sondern auch die Vögel, die sich im Fluge ihre Beute holen. Vor allem sind es die Spinnen, in deren Netzen sich die Bienen leicht verfangen, zumal sie diese zarten Gebilde mit ihren Augen nicht sehen können. Die Honigbiene verhält sich dementsprechend im allgemeinen friedlich, sucht scheu allen Gefahren auszuweichen, reagiert aber sofort mit ihrem Stachel, sobald ihr Flug überraschend behindert wird. Sie muß sich ohne Zögern aus dem Netz der Spinne befreien, wenn es überhaupt gelingen soll. Instinktiv empfindet die Biene das, was sich ihr plötzlich in den Weg stellt, als Bedrohung. Das läßt sich an ihrem Flugverhalten erkennen.

Von Menschen und Tieren nimmt sie kaum Notiz, wenn diese nicht durch hastige Bewegungen auf sich aufmerksam machen und dadurch einen Angriff signalisieren. Vor allem werden Konflikte dann provoziert, wenn die „Verkehrsregeln" im Umgang mit den Bienen außer acht gelassen werden.

Das Flugverhalten

Die Honigbiene durchfliegt die Umwelt. Sie wandert nicht wie die Ameisen auf dem Erdboden. Man kann die Bienen nur sehen und beobachten, wenn sie an Wasser- und Futterstellen „sitzen" oder von Blüte zu Blüte fliegen, aber ihren Flug vom Stock zur Nahrungsquelle kann man mit den Augen nicht verfolgen. Die Bienen sind zu klein und fliegen zu schnell. Deshalb muß man über ihr Verhalten im Fluge das zur Kenntnis nehmen, was die Fachwelt davon weiß.

Das Abfliegen und Landen

Vergleicht man das Fliegen der Bienen mit dem eines Flugzeuges, so wird verständlich, daß die abfliegende Biene zunächst eine gewisse Geschwindigkeit erreichen muß, um ohne übertriebene Anstrengung sich im Luftraum bewegen zu können. Sie erhebt sich im allgemeinen nicht wie ein Senkrechtstarter, sondern fliegt am leichtesten ab, wenn sie vor sich eine freie Strecke hat, auf der sie die Anfangsgeschwindigkeit steigern kann.

Sie landet stets federnd auf ihren sechs Beinen, also ähnlich wie ein Hubschrauber. Sie setzt möglichst sanft auf.

Das Abfliegen und Landen übt die Biene. Diese Probeflüge, die herangereifte Bienen unternehmen, nennt man das Vorspiel. Gewiß ist damit verbunden, daß sie die nächste Umgebung ihres Stockes kennenlernen und sich die genaue Lage des Standortes einprägen, um ohne Schwierigkeit zurückzufinden.

Der Blindflug

Man kann beobachten, wie die Bienen ihren Stock blind anfliegen. Verschiebt man nämlich den Bienenkorb oder dreht ihn nur ein wenig, dann steuern die anfliegenden Bienen genau die Stelle an, an der sich bisher das Flugloch befand. Es dauert eine ganze Weile, bis sie das verschobene Flugloch gefunden haben und sich auf dieses neu einfliegen können. Das Einüben, blindlings den Stock anzufliegen, hat zweifellos nicht nur damit etwas zu tun, daß bei einem Wettersturz die Rückkehr gesichert sein soll. Vielmehr können die unbeweglichen, seitlich am Kopf stehenden Insektenaugen in der Flugrichtung nicht scharf genug sehen, vor allem nicht die Gegenstände, auf die die Biene sich zubewegt. Sie kann deshalb ihren Flug kaum rechtzeitig abbremsen, wenn sie einem unbekannten Hindernis begegnet. Darin liegt ein Risiko des Bienenfluges.

Bei guter Tracht fliegen die Bienen in einer bestimmten, ihnen von den Spürbienen angegebenen Richtung auf die Futterquelle zu und wählen dazu den kürzesten Weg. Voraussetzung ist, daß dieser frei von Hindernissen ist. Deshalb

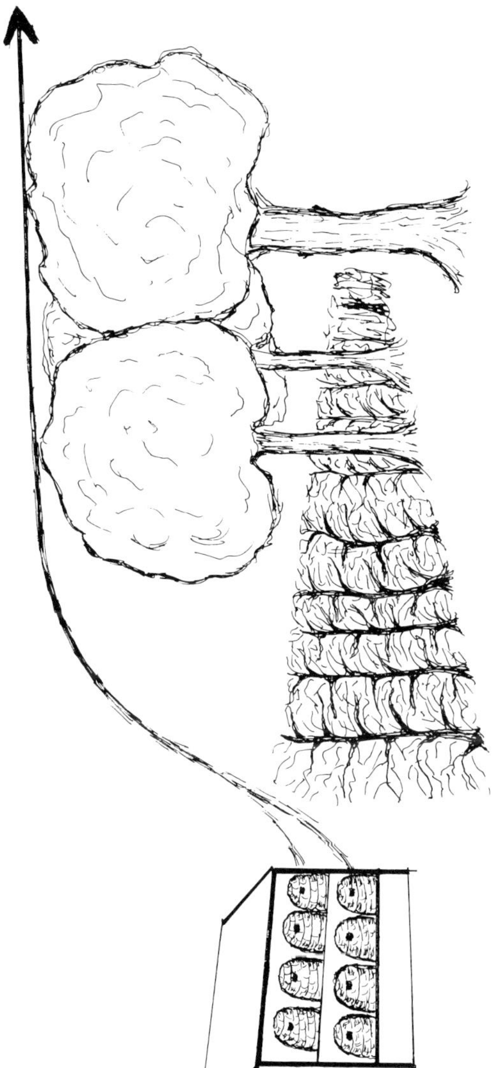

Der übliche Bienenflug über den Wipfeln der Bäume

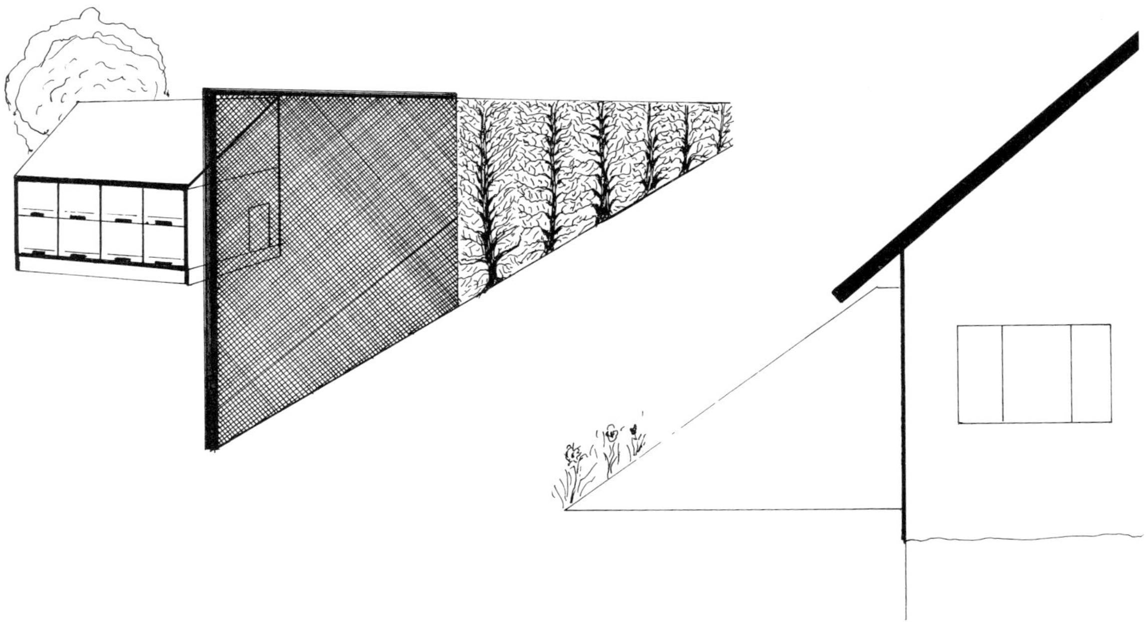

Hoher Maschendrahtzaun oder Hecke zwingen die Bienen, den Nachbargarten hoch zu überfliegen

wählen sie als Flugstrecke meist einen Weg, der über die Wipfel der Bäume führt. Sperrt man ihnen die bisherige Flugstrecke durch einen Maschendraht, dann verlegen sie ihre Straße in eine größere Höhe über den Zaun hinweg. Niemals durchfliegen sie in größerer Zahl die Maschen des Drahtes, wenn auch einzelne Bienen hindurchfliegen können. Sie bevorzugen einen freien Luftkorridor. Dieser kann auch dicht über dem Erdboden verlaufen, wenn ein baumloses Gelände überquert wird. Tritt hier plötzlich ein Hindernis auf, steht ihnen ein Mensch im Wege, dann kann es zu einem Zusammenstoß kommen.

Flugzeugzusammenstöße entstehen aus ähnlicher Ursache. Sie lassen sich verhindern, wenn die Bodenstation den Flugzeugen freie Luftbereiche zuweist. In vergleichbarer Weise lassen sich die unerwünschten Begegnungen mit den Bienen vermeiden, wenn man ihnen einen Luftkorridor überläßt und diesen störungsfrei hält.

Man kann die Bienen, wie gezeigt, lenken und veranlassen, ihre Straße in höhere Regionen zu verlegen, aber man kann nicht verhindern, daß die Biene bei einem unerwarteten Zusammenprall sticht. Es ist also empfehlenswert und dazu nicht allzu schwierig, solche folgenschweren Begegnungen mit den Bienen durch Errichtung von „Kulissen" (Hecken, Bäumen, Zäunen) auszuschließen. Die meisten Bienenstiche, die Nichtimker erhalten, beruhen auf diesem Flugverhalten der Bienen und der Nichtbeachtung der „Verkehrsregeln", ohne die der Mensch auch im Straßenverkehr nicht auskommen kann. Die Straße, die die Bienen benutzen, ist mit einer Schnellstraße oder Autobahn vergleichbar, die man im Nebel befährt. Für die Bienen besteht eine beschränkte Sicht. Trotz gut funktionierender Bremsen wird man auf ein größeres Hindernis auffahren, das einen Teil der Fahrbahn einnimmt und ein Ausweichen unmöglich macht. So ähnlich

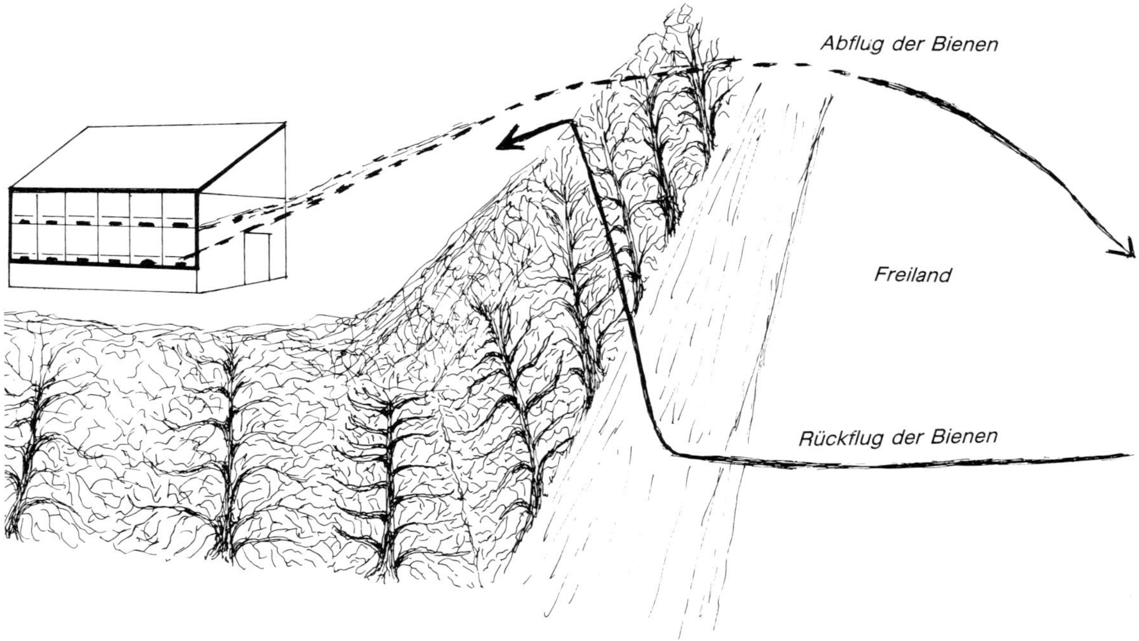

Über baumlosem Gelände bremsen die Bienen ihren Rückflug erst kurz vor der Hecke ab

ergeht es den Bienen auf ihren Luftwegen, die sie mit einer Geschwindigkeit von 28 km pro Stunde entlangfliegen. Können sie nicht mehr ausweichen, so prallen sie mit einer Energie auf, die der Kraft entspricht, die eine Kugel von 10 g Schwere entwickelt, die man aus einer Höhe von 3 cm fallen läßt. Die auftreffende Biene kann mit ihren Beinen den Stoß nicht auffangen. Ihr Hinterleib wird unsanft gegen das Hindernis gedrückt. Die Biene sticht also unversehens.

Der Tiefflug

Die Bienen machen keine Ausnahme von den übrigen Insekten, wenn sie im Tiefflug ein baumloses Gelände überfliegen. Beim Heimflug bleiben sie in Bodennähe, bis sie die Umzäunung des Bienengartens erreichen. Sie steigen erst dann auf, um die Hecke oder den Zaun zu überwinden. Führt also am Imkergarten eine Straße vorbei und ist jenseits von ihr freies Gelände, so kann es trotz hoher Kulissen geschehen, daß die heimkehrenden Bienen die Straßenbenutzer dadurch belästigen, daß sie in größerer Zahl mit ihnen in Berührung kommen. Allerdings sind Bienenstiche nicht zu erwarten, weil die geflügelten Heimkehrer ihre Geschwindigkeit längst abgebremst haben.

Unwillkürliche Abwehrbewegungen der Straßenbenutzer können selbstverständlich aus den friedlichen Sammlerinnen abwehrbereite Einzelkämpfer machen. So kommt es nur ausnahmsweise zu Schwierigkeiten, die deshalb wenig Bedeutung haben, weil die Bienen diese Anflugstrecke nicht dauernd benutzen. Meist sind es nur wenige Tage des Jahres und auch nur einige Stunden am Tage, an denen die Bienen eine Trachtquelle in dieser Richtung anfliegen.

Eine Baulücke kann zur Einflugschneise werden

Die Flugschneisen

Als schwierig erweisen sich die ungewollt entstandenen Flugschneisen, also Engpässe, durch die die Bienen dauernd ihre Straße legen, weil keine andere, ebenso bequeme An- und Abflugstrecke zur Verfügung steht. Solche Flugschneisen enstehen beispielsweise als Folge einer Randbebauung. Wird der Bienengarten eng umbaut, eröffnet sich den Bienen die Möglichkeit, die Lücken zwischen den Häusern im Tiefflug zu durchqueren. Auch können gefällte Bäume und beseitigte Hecken solche Schneisen hervorrufen. Abhilfe ist nur möglich, wenn man erreichen kann, daß die Bienen die Flugschneise in einer Höhe von 2—3 m vom Erdboden benutzen, also mit den Nachbarn, die sich hier aufhalten, nicht in Berührung kommen.

Die Spürbienen

In der warmen Jahreszeit, wenn es draußen grünt und blüht, sind einzelne Bienen unterwegs, die die Nahrungsquellen aufspüren. Sie sind es, die vom Erfolg ihres Suchens die Bienen im Stock benachrichtigen und ihnen durch ihren Schwänzeltanz die aufgefundenen Trachtquellen angeben. Sie verhalten sich in mancher Hinsicht anders als die Sammelbienen, wenigstens treten sie nicht in größerer Zahl auf. Sie fliegen nicht mit höchster Gewindigkeit auf ein Ziel zu, das sie ja erst ausmachen wollen. Mit ihnen gibt es keine Zusammenstöße, denn sie verhalten sich scheu und ängstlich.

Selbstverständlich kommen sie mit dem Menschen in Berührung, wenn sie sich ausruhen und ohne Angriffsabsicht ihn zufällig als geeigneten Zwischenlandeplatz auswählen.

Durch Lücken in einer Hecke oder durch die Maschen eines Drahtzaunes fliegen die Spürbienen hindurch. In dunkle Räume dringen sie nicht ein. Wegen der Bienen braucht man keine Fenster zu schließen. Fliegen, Mücken und Wespen verhalten sich darin anders. Gerät aber trotzdem eine Biene in einen Wohnraum, so strebt sie ängstlich ins Freie und läuft auf der Fensterscheibe auf und ab. Sie findet meist nicht den Weg ins Freie, selbst wenn das Fenster geöffnet wird, weil sie an der Scheibe bleibt. Die so ungewollt ins Zimmer gelangte Biene sticht nicht. Man kann sie leicht mit einer geöffneten, leeren Streichholzschachtel von der Fensterscheibe abnehmen und ins Freie bringen. Man setzt die geöffnete Schachtel über die Biene und schiebt die Schachtel an der Scheibe langsam zu. In dieser Weise lassen sich auch Spinnen entfernen, ohne sie anfassen zu müssen. Nicht dagegen gelingt es mit Wespen und Fliegen, das sind Einzelgänger. Die Biene dagegen zeigt nur das Bestreben, zu ihrem Bienenstock zurückzugelangen, denn ohne Rückkehr ist sie verloren.

Man behauptet gern, daß die Wespe, die in Wohnräume eindringt, aber auch wieder herausfinden kann, intelligenter sei als die Biene. Diese Folgerung aus dem unterschiedlichen Verhalten der beiden Insekten in geschlossenen Räumen ist ein Trugschluß, denn die Wespe verhält sich wie eine Spürbiene — allein mit dem Unterschied, daß sie in dunkle Räume eindringt und alles Genießbare, z. B. Fleisch und Abfälle, aufnimmt, während die Spürbiene nur pflanzliche Nahrungsstoffe in der freien Natur sucht und finden kann. Die in die Wohnung durch Zufall geratene Biene ist keine Spürbiene, sondern entweder eine Jungbiene oder eine Sammelbiene. Sie kann also nicht mit der Wespe verglichen werden.

. . . am Bienenstand

Der Raum unmittelbar vor dem Bienenstand ist mit einem Flughafen zu vergleichen, denn hier starten und landen die

Bienen wie die Flugzeuge auf dem Flugplatz. Hier gibt es praktisch keine Stelle, wo man sich aufhalten kann, ohne gestochen zu werden, hier steht man überall im Wege. Lediglich ganz dicht vor den Fluglöchern wird man nicht gestochen. Man verhindert den Abflug. Die zum Landen ansetzenden Bienen haben ihren Flug abgebremst und setzen sanft auf, wo es gerade möglich ist. Dieses Verhalten der Bienen legt den Vergleich nahe, daß die Besucher eines Bienenstandes sich ähnlich verhalten müssen wie die Fluggäste auf dem Flughafengelände.

Die Bienen können allerdings auch auf Rock oder Hut des Besuchers eine Zwischenlandung machen, sich sogar auf dessen Ohr niederlassen. Nur wenn man weder Hut noch Kopftuch trägt, kann der ungeschützte Landeplatz einen Instinkt der Biene auslösen, der aus der friedlichen Biene ein stechendes Insekt macht, weil sie sich durch das Haar dazu veranlaßt fühlt. Hier endet der passende Vergleich.

Die Verkehrsregeln vor dem Bienenstande bedürfen einer Ergänzung, die das natürliche Verhalten der Bienen berücksichtigt, weil die Bienen keine technischen Apparate sind, welche von Menschen gesteuert werden, die sich nach Verkehrszeichen und Hinweisschildern richten können. An die Stelle von Verkehrsschildern müssen Vorrichtungen treten, die den Bienenflug lenken (Hecken, Zäune, Bäume) und Verhaltensvorschriften für den Menschen, die ein friedliches Miteinander möglich machen.

In der nächsten Umgebung des Bienenstandes lassen sich allerdings nicht alle Konflikte durch Lenkungsmaßnahmen verhindern, denn der Bienenstock, das Geschöpf in der Höhle, darf nicht in seiner Ruhe gestört werden, weil es sehr empfindlich reagieren kann. Aus diesem Grunde stellt der Imker seinen Bienenstand an eine abgelegene und ruhige Stelle in seinem Garten oder in die Landschaft auf. Das erwünschte behagliche und friedliche Dasein verlangt, daß selbst im Winter jede Störung vermieden wird. Der Imker betritt in der Zeit der Winterruhe nicht das Bienenhaus, weil der Bienenstock die kleinste Störung empfindet. Jetzt können die Bienen zwar nicht ausfliegen, um sich zur Wehr zu setzen, aber sie werden veranlaßt, mehr von ihrem Honigvorrat zu verzehren als gut ist. Die Bienen versorgen sich bei jeder Aufregung instinktiv mit Nahrung, die sie normalerweise nicht benötigen. Das belastet ihren Darm und kann zu gesundheitlichen Schäden führen, wenn sie den übergroßen Darminhalt im Stock loswerden müssen.

In der warmen Jahreszeit können andere Ursachen zu Störungen führen, gegen die sich der Bienenstock auf seine Art wehrt. Das eine sind lärmende Geräusche, das andere die Arbeiten des Imkers.

Die praktischen Gartengeräte, wie Rasenmäher oder elektrische Heckenscheren, haben den üblen Effekt, daß sie durch ihre Geräusche und Erschütterungen des Erdbodens die Ruhe des Bienenstocks unterbrechen. Durch die Benutzung solcher Geräte werden die Bienen beunruhigt. Es kann nicht ausbleiben, daß einzelne Bienen zur Abwehr ausfliegen und angreifen, besonders wenn die Maschine in regelmäßigem Turnus immer wieder in der Nähe des Bienenstandes vorbeigeführt wird.

Bei einiger Überlegung lassen sich die bösen Folgen der nicht beabsichtigten Unachtsamkeit abwenden. Man muß die Arbeiten abbrechen und auf eine Zeit verlegen, in der die Bienen den Flug eingestellt haben oder die Witterung den Bienenflug weitgehend unmöglich macht. Wer solche Rücksichtnahme nicht nehmen will, kann nicht erwarten, daß die Bienen Rücksicht üben.

Der Landwirt darf bestimmte Pflanzenschutzmittel auch nur zur Anwendung bringen, wenn der Bienenflug eingestellt ist.

Es ist keine unzumutbare Vorsichts- und Rücksichtsmaßnahme, sondern sozusagen eine Ausführungsbestimmung des Naturgesetzes, dem allein die Honigbiene folgt.

Eine wesentliche Störung der Ruhe des Bienenstocks tritt verständlicherweise ein, wenn der Imker an seinen Bienenstöcken arbeitet. Er muß den Bienenkasten öffnen, Waben herausnehmen, neue hinzustellen, ja, er nimmt manchmal den ganzen Bau auseinander, um eine gründliche Nachschau zu halten. Das müßte einen erbitterten Widerstand der Bienen hervorrufen, so meint man. Es ist aber nicht der Fall, denn der Imker wendet einen Kunstgriff an. Er geht nicht vor 10 Uhr morgens an seine Bienenstöcke, denn er weiß, daß sie Langschläfer sind. Sie wachen sozusagen erst auf, wenn die Blüten Honig abgeben. Das kann bei schwülem Wetter schon früher eintreten, geschieht aber bei gutem Hochdruckwetter nicht viel früher. Zweitens sieht er in seine Stöcke eigentlich nur hinein, wenn es „honigt", denn dann sind die Flugbienen unterwegs, um die Nahrung herbeizuschaffen. Es befinden sich also die Bienen, die stechen und angreifen könnten, nicht im Stock. Drittens vermeidet er jede Erschütterung, öffnet behutsam den Bienenkasten und gibt etwas Rauch aus seiner Imkerpfeife, so daß sich die Bienen zurückziehen und nicht dort abfliegen, wo er steht. Die Jungbienen nehmen ängstlich Honig auf und verhalten sich abwartend. Auf jeden Fall wird der Bienenstock nicht alarmiert und merkt den Eingriff nur unvollkommen. Wenn man schnell, wenn auch ohne Hast, arbeitet, ist die Störung minimal. Im allgemeinen haben also diese Eingriffe keine erheblichen Folgen für die Umgebung, denn die Flugbienen sind auf ihre Sammeltätigkeit eingestellt und gehen in der kurzen Zeit der Nachschau nicht davon ab.

Gänzlich anders ist die Situation bei der Honigernte, weil diese meist nach Trachtschluß erfolgt. Jetzt sind die Flugbienen zu Hause. Der Imker kann zwar den Honig ernten, ohne selbst gestochen zu werden, weil er mit Rauchgaben die Bienen in den Stock treibt, aber die Aufregung ist so groß, daß Bienen ausfliegen, um den Honigräuber zu entdecken. Ins Bienenhaus können sie nicht eindringen, so stechen sie Unbeteiligte, die sich in der Nähe des Bienenstandes aufhalten.

Auch hier gibt es eine wirksame Abhilfe. Der rücksichtsvolle Imker kann nämlich den Honigraum vom Brutraum absperren und den Bienen einen Ausflug aus dem Honigraum freigeben. Die Flugbienen, die sich von ihrer Königin getrennt fühlen, fliegen ab und gelangen durch das übliche Flugloch in den Brutraum. Nach einer knappen halben Stunde sitzen auf den Honigwaben nur noch Jungbienen, die weder stechen noch ausfliegen. Jetzt kann man die Honigwaben aus dem Stock herausnehmen und die daraufsitzenden Bienen abfegen, ohne den Bienenstock in Aufregung zu versetzen.

Mensch und Biene

Mensch und Biene sind zwei Geschöpfe, die ursprünglich nicht aufeinander angewiesen waren. Seitdem aber der Honig und das Wachs die Lebensqualität des Menschen bereicherten, wurde die Biene zu einem immer unentbehrlicher werdenden Nutztier. Es gelang, die Biene wie ein Haustier zu halten.

Mit Beginn der Neuzeit wurde die Biene aus ihrer natürlichen Umwelt, dem Walde, immer mehr verdrängt, und sie ging allmählich vollständig in die Betreuung des Menschen über. In der heutigen Zeit kann kein Schwarm in der freien Natur überleben, weil die Kulturlandschaft nicht mehr genügend Nahrung für die Bienen zur Verfügung hat. Somit sind die Bienen wie Haustiere gänzlich auf die Obhut des Menschen angewiesen.

Längst ist erkannt, daß der Wert der Honigbiene nicht allein in der Erzeugung von Honig und Wachs besteht, sondern ihre Befruchtungstätigkeit von größter volkswirtschaftlicher Bedeutung ist. Deshalb ist es notwendig, daß der Mensch um der Fruchtbarkeit seiner blühenden Kulturen willen die Bienen erhält, auf sie Rücksicht nimmt und verhindert, daß die zahlenmäßige Verdrängung fortschreitet.

Verkehrsregeln bei der Begegnung

Für den Laien ist und bleibt es im Grunde rätselhaft, wie der Imker die Bienen behandeln kann. Dabei geht er von der falschen Annahme aus, daß sie „stechlustig" seien, also der

Umgang mit ihnen außerordentlich schwierig sei. Trotzdem fragt jeder, warum sie eigentlich stechen, und zwar auch Unbeteiligte, die ihnen nichts tun. Faßt man das Wissen von den Bienen und die Erfahrungen der Imker im Umgang mit ihnen zusammen, so ergibt sich, daß die Frage heißen muß:

„Warum werden wir von den Bienen gestochen?"

Und die Antwort lautet: Das tritt ein, wenn wir die Verkehrsregeln im Umgang mit den Bienen nicht kennen oder nicht beachten.

Die Angst vor Tieren wird stets von zwei offenen Fragen genährt: Man weiß nicht, wie sich das Tier verhält und wie man sich selbst verhalten soll, damit es friedlich bleibt.

Wissen und Erfahrung, also theoretische Kenntnisse und ihre praktische Anwendung, sind erforderlich, um mit fremdartigen Lebewesen auskommen zu können und ein ungestörtes Nebeneinander möglich zu machen.

Die Verkehrsregeln im Umgang mit Bienen sind den Straßenverkehrsvorschriften ähnlich, denn Bienenstiche sind im Grunde „Verkehrsunfälle". Wer sich bemüht, im Straßenverkehr Unfälle zu vermeiden, weiß, daß sie durch Beachtung der Verkehrsregeln zu verhindern und durch Schutzmaßnahmen zu mildern sind. Gewiß sind sie nicht völlig auszuschließen, wenn menschliches Versagen vorliegt. Auch das trifft für die Begegnung mit Bienen zu. Die Verkehrsregeln für den Umgang mit den Bienen sind durch das Naturgesetz festgelegt. Danach richten sich die Bienen. Wie die Straßenverkehrsordnung, läßt sich die naturgesetzliche Ordnung erläutern und in Paragraphen kommentieren.

§ 1: Die Straßen der Bienen freihalten

Die Bienen fliegen auf direktem Wege vom Bienenstande zu der von ihnen ausgemachten Nahrungsquelle, indem sie einen Luftkorridor benutzen. Wer diesen kreuzt, riskiert Zusammenstöße. Erforderlich ist, daß der Imker für einen hohen Abflug über Hecken, Bäume oder einen Maschendrahtzaun sorgt, damit die Bienen ihre Straße so hoch legen, daß die Nachbarn nicht davon berührt werden. So können die Bienen wie Hubschrauber auf den blühenden Gewächsen landen, ohne zu stören, denn sie bremsen ihren Flug dabei ab und stoßen nicht mit Personen zusammen, sondern meiden sie.

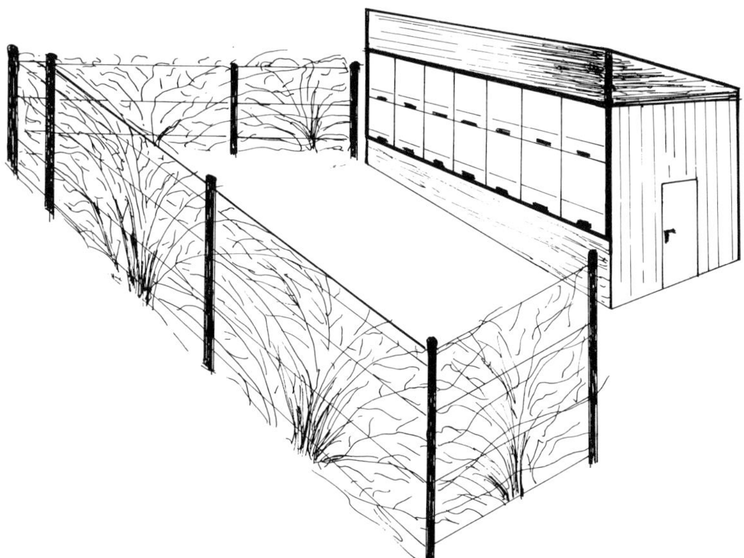

Am Bienenzaun kann man ungestört vorbeigehen

§ 2: Hut oder Kopftuch tragen

Bienen, die den Menschen als Zwischenlandeplatz benutzen, wollen nicht stechen. Wenn sie sich aber ins Haar setzen, stechen sie instinktiv.

§ 3: Nicht nach den Bienen schlagen

Die meisten Bienenstiche erfolgen dadurch, daß man die Bienen vertreiben will und nach ihnen schlägt. Das ist unsinnig, denn die Biene sieht diesen Vorgang und fühlt sich bedroht. Setzt sich die Biene auf den Hut, den Anzug oder z. B. einem Ohr nieder, so tut sie es in friedlicher Absicht und fliegt nach kurzem Aufenthalt weiter. Sie ist keine Mücke, die durch ihren Stich sich ernähren will.

§ 4: Motorengeräusche vermeiden

In der Nähe eines Bienenstandes sind während des Bienenfluges Garten- und Ackergeräte, die mit Motoren angetrieben werden, unangebracht. Die Bienen werden durch den Lärm aufgeregt und suchen den Verursacher zu vertreiben.

§ 5: Nicht anlocken

Der Bienenbesuch an sich stört nicht. Man kann die Bienen aber — unbeabsichtigt — dorthin locken, wo sie stören. Meist handelt es sich um Wasserstellen (tropfende Wasserhähne, Schwimmbecken, Zierteiche, Vogeltränken). Ertrinken Bienen darin, sollte der Imker verständigt werden, damit Abhilfe geschaffen wird. Mit süßen Flüssigkeiten, die man achtlos verschüttet, kann man sie auch verleiten, sich ins Gras zu setzen.

§ 6: Unerträgliche Belästigungen aufklären

Fühlt sich der Nachbar durch Bienen belästigt, ist es das Klügste, die Vorkommnisse mit dem Imker zu besprechen. Abhilfe ist immer möglich. Sie setzt allerdings Einsicht auf beiden Seiten voraus. Es kann auch ein unparteiischer Sachverständiger zu Rate gezogen werden. Eine Klage vor Gericht sollte nicht in Betracht kommen, denn dann müßten Laien über Vorgänge urteilen, die sie selbst nicht erlebt haben und auch nur mit Hilfe eines Sachverständigen klären können. Wird ein gerichtlicher Kompromiß gefunden, so ist er keineswegs besser als die Beseitigung der Belästigung. Der Ursache muß man auf die Spur kommen und sie abstellen. Die Kenntnisnahme und Anerkennung der Verkehrsregeln im Umgang mit den Bienen wird notwendig sein.

§ 7: Nicht in die Blüten spritzen

Bienen werden von blühenden Gewächsen angelockt. Es ist verboten, während der Blütezeit giftige Pflanzenschutzmittel anzuwenden. Die Vorblütenspritzung muß beendet sein, wenn die ersten Blüten aufbrechen. Auch blühendes Unkraut darf nicht von der Giftbrühe getroffen werden.

Schont unsere Bienen!

Der Bienenstich

Der Stich einer Biene kann scheußlich weh tun, wo er auch immer erfolgt. Auch der Imker, der scheinbar unempfindlich geworden ist, fühlt den gleichen Schmerz, der durch den Einstich hervorgerufen wird. Der Bienenstich bedeutet aber keine Gefahr für Leib und Leben, selbst wenn er eine vorübergehende Beeinträchtigung des Wohlbefindens herbeiführt.

Allerdings spürt der, der es gewohnt ist, mit Bienen umzugehen, wenig von dem ätzenden Bienengift, das die Biene mit dem Stich in die Haut einspritzt. Gegen diese Wirkung ist nämlich der Imker weitgehend immun. Auf Bienengift reagieren die Menschen unterschiedlich. Bei manchen hat es keinerlei Wirkung, bei den meisten zeigt sich eine Entzündung, einige Personen reagieren aber mit großer Überempfindlichkeit. Normalerweise entsteht eine rötliche Quaddel mit einem blassen Kern. Ihr folgt eine mehr oder weniger starke Schwellung des benachbarten Gewebes, also alle Anzeichen einer Entzündung. Die dabei auftretende Hitze rührt daher, daß das Blut die Stoffe heranführt, die das Gift neutralisieren.

Auf dieser Körperreaktion beruht die Heilwirkung des Bienengiftes bei der Behandlung rheumatischer Erkrankungen. Es ist dabei nicht vergleichbar mit der Ameisensäure, die die Ameisen zur Abwehr ausscheiden. Bienengift wirkt erst, wenn es tiefer in die Haut eindringt und nicht nur eine oberflächliche Hautreizung hervorruft. Es enthält übrigens keine Ameisensäure.

Bienengift besteht aus einer Anzahl von Substanzen, die zu den Proteinen und Polypepsiden gezählt werden. Es ist ein Naturprodukt, das in seiner eigenartigen Zusammensetzung nicht künstlich hergestellt werden kann. Es besitzt eine ätzende, aber nicht tödliche Wirkung. Selbst eine größere Menge steigert nicht die Wirkung. Es handelt sich also nicht um ein starkes Gift, das nur in geringster Menge eine Heilwirkung besitzt.

Im allgemeinen bietet der Bienenstich, so unangenehm er auch sein kann, keinen Anlaß zur Besorgnis. Allerdings reagieren einige Menschen schockartig, und das nicht nur auf Bienenstiche, sondern auf Insektenstiche überhaupt. Die Ursache für solche allergischen Erscheinungen ist noch weitgehend unbekannt. Man vermutet, daß artfremdes Eiweiß, das sich im Bienengift befindet, dabei eine Rolle spielt. In allen Fällen, in denen eine persönliche Disposition zur Überempfindlichkeit vorliegt, ist ärztlicher Rat angebracht.

Den Bienenstachel entfernen

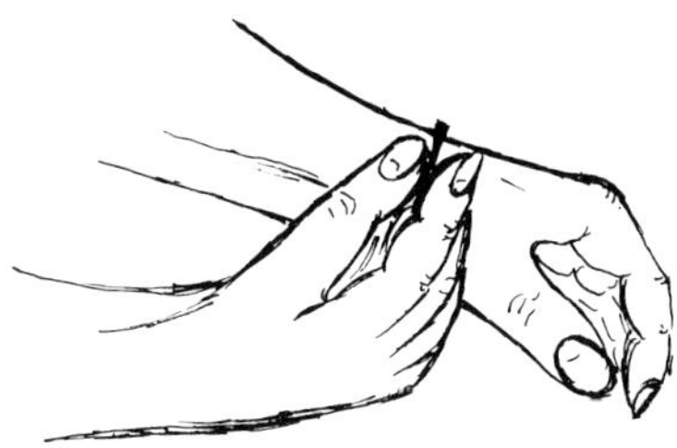

falsch

richtig

Nach dem Stich sollte man den Stachel nicht einfach mit den Fingern herausziehen, denn dann drückt man das Gift in die Wunde hinein. Vielmehr muß man ihn durch Hinausschieben mit dem Daumennagel entfernen, wodurch die Giftblase abgequetscht wird. Die kleine Wunde, die stets bei der Entfernung des Bienenstachels entsteht, bedarf keiner besonderen Behandlung. Man kann aber mit dem Saft einer Zwiebel oder von Lauch das Gift neutralisieren. Auch ist es nicht verkehrt, eine Tablette einzunehmen, die ein Antihistamin enthält.

Der Wespenstich

Im Unterschied zum Bienenstich kann der Stich einer Wespe bedenkliche Folgen haben, weil durch ihn Krankheitskeime übertragen werden können. Das liegt daran, daß sich die Wespe wesentlich anders ernährt als die Honigbiene. Sie zieht ihre Brut mit Insektenfleisch auf und geht bei der Suche nach Fleisch auch an Abfälle. Sie kann auf diese Weise Bakterien aufnehmen und verbreiten. Deshalb bedeutet der Wespenstich meist eine gesundheitliche Gefahr. Zudem ist die Wespe aggressiver als die Honigbiene. Sie ist nicht ängstlich und läßt sich deshalb bei der Nahrungsaufnahme schlecht vertreiben.

So kann sie unbeabsichtigt in den Mund eines Kindes gelangen, wenn dieses nicht aufpaßt. Sie nagt reife Früchte an und setzt sich beispielsweise auch auf Obstkuchen. Ein Stich in die Mundhöhle ist wegen der eintretenden Schwellung besonders gefährlich. Die Honigbiene wird durch Marmeladen und eingemachte Früchte nicht angelockt und würde alsbald abfliegen, sobald man nach dem Brot oder Kuchen greift.

Das andersartige Verhalten der Wespen erklärt sich aus ihrer Lebensweise. Im Frühjahr sind nur die Wespenköniginnen unterwegs, denn nur sie überwintern, indem sie in eine Winterstarre verfallen. Sie müssen ein neues Nest aufbauen, denn sie benutzen nicht noch vorhandene Altnester. Ihre Nester bauen sie aus einer papierartigen Masse, die sie durch Zerkauen morschen Holzes gewinnen und mit Speichel versetzen. In die so entstandenen Waben legen sie die Eier und müssen ihre Brut ernähren. Das ist eine Leistung, die eine große Vitalität, Wendigkeit und Durchsetzungskraft zur Voraussetzung hat.

Erst gegen Ende Juli treten die Wespen in größerer Zahl auf, die, wie die Arbeitsbienen, unterentwickelte Weibchen sind. Sie helfen der Königin bei der Aufzucht zahlreicher junger Wespenköniginnen, die als befruchtete Weibchen den Winter überstehen sollen. Das Wespennest wird im Spätherbst verlassen. Der sogenannte Wespenstaat gelangt also nicht über das Stadium einer Nestgemeinschaft hinaus. Ein ähnliches Verhalten zeigen auch andere Insekten, die sich in gleicher Weise von der Honigbiene unterscheiden.

Es ist also notwendig, daß man die Wespen von der Honigbiene unterscheiden lernt. Der hellgelb und schwarz gefärbte Körper der Wespe ist auffallend (s. auch die bildliche Gegenüberstellung auf Seite 33). Ihr Stachel bleibt in der Haut nicht stecken, weil er keine Widerhaken besitzt. Er wird nach dem Stich von der Wespe aus der Wunde wieder herausgezogen.

Die Wespe dringt bei ihrer Nahrungssuche auch in Wohnräume ein. Sie läuft dort nicht ängstlich an der Fensterscheibe auf und ab, denn sie findet den Ausgang wieder, durch den sie eingedrungen ist. Die Wespe läßt sich nicht so einfach einfangen wie die Biene.

Die Bedeutung der Honigbiene

Stets hat die Honigbiene ihre Bedeutung für den Menschen gehabt, weil sie ihm Honig und Wachs lieferte. Der Honig war in der Frühzeit der einzige Süßstoff, den die Natur darbot. Die Einfuhr des Rohrzuckers seit Beginn der Neuzeit hat seiner Beliebtheit nicht geschadet, denn er besteht nicht nur aus Zucker, sondern auch aus aromatischen Stoffen, die ihm einen lieblichen Geschmack geben. Deswegen ist der Honig noch heute ein begehrtes Genußmittel, das selbst das Überangebot von Rübenzucker nicht vom Markt verdrängen kann. Unübertrefflich ist und bleibt er als Naturprodukt. Wenn der Honig auch nicht als Heilmittel im strengen Sinne mit spezifischer Anwendung behördlich anerkannt ist, so ist doch seine heilsame Wirkung als Kräftigungsmittel unbestritten.

Der Honig ist unter Ausschluß von Feuchtigkeit in geschlossenen Gläsern oder Honigeimern und bei Aufbewahrung in gleichbleibender Temperatur fast unbegrenzt haltbar. Seinen Heilwert behält er dann, wenn er nicht übermäßig erhitzt wird, weil die Fermente bei Temperaturen über 40° C zerstört werden.

Je mehr die üblichen Nahrungsmittel mit Konservierungsstoffen haltbar gemacht werden, desto mehr steigt das Bedürfnis nach unpräparierter Nahrung, nach Rohkost und unverfälschten Naturprodukten.

Der in Deutschland gewonnene Honig zeichnet sich durch ein vielseitiges Bukett unterschiedlicher Blüten aus. Daneben gelten selbstverständlich Honige, die überwiegend aus einer bestimmten Tracht stammen, als Spitzenleistungen. Den höchsten Genuß stellt der Scheibenhonig dar. Er besteht aus reinem Heidehonig, den die Bienen in frische, allein von ihnen gebaute, unbebrütete Waben eingetragen haben. Weil dieser Honig nicht auskristallisiert oder flüssig bleibt, sondern geliert, ist er schnittfähig.

Auch der Tannenhonig bildet eine Gallerte. Beide Honige gelten als besonders wertvoll. Alle übrigen Honige haben die Eigenschaft, nach der Schleuderung zu reifen und auszukristallisieren. Durch Rühren wird ein feinkörniger, streichfähiger Zustand erreicht. Dabei bildet die entfärbte oberste Schicht, die der Honig nach der Abfüllung zeigt, eine Schutzschicht, die kennzeichnend für eine sorgsame Honiggewinnung ist.

Jeder Honig ist hygroskopisch (wasseranziehend). Dadurch deckt der Bienenstock seinen Wasserbedarf im Winter, indem er die Honigzellen aufreißt. So zeigt auch der abgefüllte Honig diese Eigenschaft, wenn er angebrochen wird, also die oberste Schicht durchstoßen ist. Er muß in gut verschlossenen Gefäßen aufbewahrt werden, um nicht zu gären.

Längst kann die Nachfrage nach Honig aus heimischer Produktion nicht mehr befriedigt werden. Beim Verzehr von deutschem Honig spielen Geschmacksgewohnheiten eine große Rolle. So beliebt in Norddeutschland der Heidehonig ist, so sehr wird in Süddeutschland der Tannenhonig bevorzugt. Einzelne Honigsorten werden unterschiedlich bewertet. Rapshonig essen Kinder gern, Obst- und Lindenhonig gelten als besonders feine Honige. Reiner Lindenhonig, der in Alkohol aufgelöst eine grüne Farbe zeigt, wird zur Herstellung von Bärenfang benutzt.

Dem Wunsch, ein echtes Naturprodukt zu erhalten, versuchen die Imker dadurch zu entsprechen, daß sie ihren Honig naturbelassen auf den Markt bringen und einer Kontrolle unterwerfen, um die Echtheit zu gewährleisten.

Honig zeichnet sich durch seine leichte Verdaulichkeit aus. Seine Zusammensetzung aus verschiedenen Zuckern und der Gehalt an Enzymen (Diastase und Invertase) erleichtern die Verdauung. Er besitzt eine beruhigende Wirkung und stützt die Herztätigkeit. Weil er als vorverdaute Nahrung den Magen schont und dem Darm keine Ballaststoffe zuführt, wird er als wesentlicher Bestandteil der Kraftnahrung für Sportler und Flieger verwendet.

Einen wichtigen Heilfaktor bilden die Inhibine im Honig, die das Wachstum von Bazillen hindern. Deshalb kommt er bei Erkältungen als Hausmittel zur Anwendung. Aber auch für die Hautpflege ist er von Bedeutung. Zur Wundbehandlung nutzen und empfehlen ihn die Imker.

Diese erstaunlich vielseitige Verwendung des Honigs ergibt sich aus der Art, wie die Honigbiene ihn bereitet, haltbar macht und als Winternahrung für den eigenen Bedarf herstellt. Gesundheitliche Wirkungen und heilende Kräfte vermutet man bereits in den Nährstoffen der Biene. So gilt der Blütenstaub als gesundheitsförderndes Mittel. Die Pollenkörner bestehen aus pflanzlichem Eiweiß. Man nennt sie das Bienenbrot. Sie sind wesentlicher Bestandteil des Honigs.

Der Königinnenfuttersaft gilt als Wunderdroge und wird als Gelee royale gehandelt. Dieses Drüsensekret, das die Bienen zur Aufzucht der Königinnen verwenden, enthält zweifellos Wirkstoffe in einzigartiger Konzentration. Ob allerdings allein auf dem Königinnenfuttersaft die Ausbildung der geschlechtsreifen Königinnen beruht oder vielmehr auf dem Fehlen von Pollen, ist ungeklärt.

Neuerdings ist die Heilkraft des Kittharzes (Propolis) im Gespräch. Offenbar verarbeiten die Bienen Baumharz mit ihrem Speichel. Sie fügen Drüsensekrete hinzu, die Inhibine enthalten. Somit besäße das Kittharz eine Schutzwirkung gegen Erkältungskrankheiten.

Auch die Wachsgewinnung hat seit alter Zeit die Honigbiene zu einem hochgeschätzten Nutztier gemacht. Die städtische Kultur des Mittelalters konnte sich durch die Lieferung von Wachs aus der weitverbreiteten ländlichen Hausbienenzucht entwickeln. Mögen heute andere Lichtquellen die Wachskerze als Beleuchtung völlig verdrängt haben, so gilt sie doch immer noch als duftender, festlicher Schmuck von unübertroffener Feinheit.

Die Einbuße, die die marktbeherrschende Stellung von Honig und Wachs durch die technische Entwicklung erlitten hat, hat die Honigbiene keineswegs überflüssig gemacht. Die Erkenntnis ihres unersetzlichen Wertes für die Bestäubung hat ihr eine geänderte, neue Bedeutung gegeben.

Vom Sinn des Lebens

Wer Bienen züchtet, ahnt es gut,
welch' tiefer Sinn im Leben ruht,
denn Tier und Pflanze leben nur
im „Füreinander" der Natur.
Das ist — in was sie eingespannt —
als Nahrungskette wohlbekannt.

Die Blüte gibt die Nahrung her,
die Biene dankt ihr dafür sehr.
Sie sorgt, daß Früchte reifen können,
die Baum und Strauch den Tieren gönnen.

▷

Allein der Mensch reiht sich nicht ein,
er glaubt kein dienend' Glied zu sein,
braucht nicht der Schöpfung das zu geben,
was sie ihm gibt in seinem Leben.
Er meint, das geht ihn gar nichts an,
die Erde ist ihm untertan.
Er irrt und irret her und hin
und fragt, was seines Lebens Sinn.

Anstatt zu helfen überall,
macht er die Erd' zum Jammertal.
Anstatt zu pflegen und zu schützen,
soll alles ihm alleine nützen.
So wird der Mensch ganz ohne Frage,
auf uns'rer Welt zu einer Plage.

Füg' Dich in diese Schöpfung ein,
die nicht Dein Werk, das sieh' nur ein.
Sei nützlich andern! Dien' dem Leben!
Das wird Dir Sinnerfüllung geben.

Werd' Imker, liebe die Natur
und was da lebt, die Kreatur!
Werd' Imker, Mensch! Dann merkst Du bald,
wie Dir vertraut wird Flur und Wald,
was still sich lebensfroh bewegt
vom Schöpferwillen angeregt.

Das Grübeln kannst Du gern vermissen,
Du wirst dann fröhlich endlich wissen,
was Deine Schuldigkeit allein:
der Mit- und Umwelt Hüter sein!

Der private Nutzen

Die Imkerei wird vom Verkauf der Produkte, die die Honigbiene erzeugt, getragen. Der wirtschaftliche Profit ist allerdings recht begrenzt. Die Anschaffungskosten lohnen sich zwar, weil Beuten, Geräte und Bienenstand eine lange Lebensdauer besitzen. Auch ergänzt sich die Zahl der Bienenvölker durch Ableger oder Schwärme und mit Hilfe der Königinnenzucht ständig. Die aufgewandte Zeit macht sich aber erst dann bezahlt, wenn jahrelange Erfahrungen zu einem erfolgversprechenden Können geführt haben. Die Kosten für die Herbsteinfütterung stellen neben den Transportkosten für die Wanderung die Hauptausgaben dar. Auch die Vermarktung, also die Anschaffung der Honiggläser, die Behandlung des Honigs, seine Abfüllung und die Etikettierung der Gläser nehmen Zeit in Anspruch und verursachen Kosten.

Fast immer sind die Imkereien Familienbetriebe. Es gibt nur wenige Imker, die allein aus der Bienenhaltung ihren vollen Lebensunterhalt bestreiten können. Meist handelt es sich um Nebenerwerbsbetriebe. Das war auch schon in den früheren Jahrhunderten der Fall, als die Landbevölkerung die Hausbienenzucht betrieb. Die Kleinbauern und Landarbeiter fanden darin einen lohnenden Zuerwerb. Auch Pastoren und Lehrer hielten sich Bienen, um ihre Einkünfte zu verbessern. Sie waren darin besonders erfolgreich. Ihnen sind grundlegende Entdeckungen zu verdanken. Es unterliegt kaum einem Zweifel, daß die Bienenhaltung auch für geistig tätige Menschen noch heute interessant ist. Es gehört mehr Witz, Wissen und Einfühlungsvermögen dazu, als bei jeder anderen Tierhaltung. Die Biene ist zudem das sauberste Nutztier.

Im Laufe der Zeit hat sich aber manches geändert. Es gibt kaum noch einen Pfarrer unter den Imkern. Die Forschung ist von den Fachgelehrten der Zoologie und Biologie übernommen worden.

Die Anregungen für die Praxis gehen von den dafür eingerichteten Bieneninstituten aus. Weil die Landwirtschaft sich zum mechanisierten Betrieb entwickelt hat, kann sie sich nicht mehr mit der Bienenzucht befassen. Sie bekämpft Unkraut und Schadinsekten mit chemischen Waffen, die der Ökonomie den Vorrang vor der Ökologie einräumen.

Die heutigen Imker entstammen keinen bestimmten Schichten der Bevölkerung. Es sind Menschen, die es für keine Zeitvergeudung halten, Bienenstöcke zu betreuen. Im Gegenteil: Sie sehen darin neben dem Zuerwerb auch eine Bereicherung ihres Daseins. Dazu entschließen sich meist nur Leute, die bereit und in der Lage sind, sich dieser Tätigkeit intensiv zu widmen, denn die Bienenhaltung ist mehr als ein Zeitvertreib oder Hobby, das man zu beliebiger Zeit anfassen oder liegenlassen kann. Die Imkerei stellt erhebliche Ansprüche. Sie muß „wie ein Beruf", also berufsmäßig ausgeübt werden. Die Größe des Betriebes ist nicht entscheidend; sie wird durch das imkerliche Können, die Umweltverhältnisse und andere persönliche und sachliche Gegebenheiten bestimmt. Selbst die kleinste, anscheinend unbedeutende Bienenhaltung darf nicht unterschätzt werden. Sie bewirkt zum einen einen reicheren Obst- und Gemüseertrag aus dem eigenen Garten und das gleiche für den Nachbarn; zum anderen hat sie auch einen bemerkenswerten persönlichen Nebeneffekt, denn sie bietet Entspannung von einseitiger Berufsarbeit und erhöht damit das Wohlbefinden. Der Umgang mit Bienen verlangt Beobachtung, zwingt also zu beschaulichem Verhalten, läßt keine Hast aufkommen und besiegt so die Nervosität.
Bienenhaltung ist echte Naturverbundenheit, an der die Familie und der Kreis der Freunde teilnehmen. Im übrigen ist

sie ein befriedigender Altersberuf. Man kann aber auch hier die Lehrjahre nicht überspringen und muß sich schon rechtzeitig, am besten in jungen Jahren, mit den Bienen vertraut machen, um im Alter ein Meister zu sein, der die goldene Honigernte Jahr um Jahr für Kinder und Enkel einzubringen versteht.

Der volkswirtschaftliche Wert

Die Imkerei ist an der Volkswirtschaft beteiligt, denn sie produziert im Gebiet der Bundesrepublik jährlich 10 000 bis 20 000 t Honig. Der Agrarbericht der Bundesregierung gibt den Wert des erzeugten Honigs und Wachses mit 100 bis 120 Millionen DM an. Dies ist aber nur ein Bruchteil dessen, was die Honigbiene an volkswirtschaftlichem Nutzen stiftet. Man schätzt, daß wertmäßig mehr als das Zehnfache durch die Bestäubungstätigkeit der Honigbiene der Volkswirtschaft zugute kommt. Z. Zt. ca. 90 000 Imker, die etwa 900 000 Bienenvölker betreuen, sind an diesen Erfolgen beteiligt.

Die Imkerei kann also nicht nur als Produktionsbetrieb eingestuft werden, sondern muß zugleich als Dienstleistungsgewerbe angesehen werden. Zwar werden fast nur die Zubringerdienste in den Obstanbaugebieten vergütet, aber auch die Rapsanbauer sind an einer Besetzung ihrer Flächen mit Bienenvölkern interessiert. Um diesen Ertrag zu steigern, fehlt es an der genügenden Zahl von Bienen. Es müßten 300 000 Bienenstöcke mehr gehalten werden, um alle Rapsschläge ausreichend zu besetzen. Das stellt einen Produktionsverlust dar. Er läßt sich solange nicht aufheben, wie die Landschaft in ihrem blütenarmen Zustande verbleibt. Erst wenn in Ödländereien und Forsten lohnende Trachtgebiete für die Sommer- und Herbstwanderung geschaffen werden, könnten für die Frühtracht in Obst und Raps mehr Völker bereitstehen.

Seit langem ist bekannt, daß der Hauptbeitrag für die allgemeine Volkswirtschaft eigentlich nicht die großen Imkereien, die wichtigsten Honigproduzenten, leisten, sondern die kleineren Betriebe durch ihre Streuverteilung. Sie sind es, die im näheren Umkreis ihres Heimatstandes für die Bestäubung der Obstbäume, Beerensträucher und Gartengewächse gewollt und ungewollt sorgen. Dieser Nutzen, den die Bienen in den ländlichen Gemeinden und Stadtrandsiedlungen stiften, kommt der Allgemeinheit zugute. Der volkswirtschaftliche Wert würde allerdings zu gering eingestuft, wenn man ihn nur an den oben genannten Schätzwerten abliest.

Von der Ergiebigkeit des Bodens und hier speziell des zu Wohn- und Erholungszwecken in steigendem Maße in Anspruch genommenen Grund und Bodens hängt die Ernährungsgrundlage der zukünftigen Bevölkerung mit ab.

Die Neigung, in Ziergärten zu leben und in Parkanlagen zu wandeln, wird gefördert, wenn die Obstbäume und Beerensträucher in den Siedlungsräumen einen zu geringen Ertrag bringen, weil die Bienen fehlen. Die Obstgehölze werden dann entfernt. Eine Verödung tritt ein durch das Wohlstandsbestreben, in pflegearmer Parklandschaft inaktive Erholung zu finden.

Der Verdrängungsvorgang hat zusätzlich seine Ursache darin, daß die bisher an der Bestäubung mitbeteiligten Insekten durch eine ungehemmte Anwendung von Pflanzenschutzmitteln gerade in diesen Wohngebieten fast vollständig unterdrückt werden. Der Wert der Honigbiene für die Fruchtbarkeit der noch vorhandenen Nutzgärten ist dadurch entscheidend gestiegen. Hier handelt es sich darum, der Vergrünung entgegenzuwirken, und um das volkswirtschaftliche Interesse an dem noch nicht durch Straßen- und Häuserbau der gärtnerischen Nutzung entzogenen Grund und Boden. Es gibt bereits Siedlungen, in denen die Gartennutzung zum Absterben verurteilt ist, weil bei der Planfeststellung die Kleintierhaltung einschließlich der Bienenzucht verboten ist.

Die Verfügung ist ähnlich zu bewerten wie die Säuberung der Nutzwälder von blühendem Strauchwerk und die Vernichtung des Unkrautes in der Kulturlandschaft und an den Wege- und Straßenrändern durch die Anwendung von Herbiziden. Wenn diese Maßnahmen auch begründet sein mögen, so sind doch auch ihre unausweichlichen Folgen ernst zu nehmen. Sie können und sollten durch überlegte Planung der Landschaftsentwicklung zumindest gemildert werden. Dabei müßte berücksichtigt werden, daß die Honigbiene nicht nur ein Nutztier für die Honiggewinnung ist, sondern ein unverzichtbares, lebendes Zubehör der Landschaft und der Gärten.

Bei den leitenden Behörden, die dafür zuständig sind, ist diese Frage nicht unbekannt. Der Staat wendet große Mittel dafür auf, damit die Bienenhaltung nicht untergeht. So unterhält er staatliche Bieneninstitute, die der Forschung und Lehre dienen. Jedes Pflanzenschutzmittel wird auf seine Giftigkeit, speziell auf Bienengefährlichkeit, untersucht, entsprechend gekennzeichnet und seine Anwendung verboten, eingeschränkt oder freigegeben. Auch die Förderungsmittel, die den Imkern zukommen, sind umfangreicher als für jede andere Tierhaltung.

Das geschieht nicht, um die heimische Honig- und Wachsproduktion zu steigern, sondern um die Bienenhaltung aufrechtzuerhalten und ihr einen gewissen Ausgleich wegen der sonst nicht vergüteten Leistungen für das allgemeine Wohl zu gewähren.

Im Jahre 1811 äußerte sich der Botaniker Christian SPRENGEL vorausschauend zu diesem Problem:

„Der Gewinn an Honig und Wachs ist nicht der Hauptzweck der Bienenzucht, sondern nur eine Nebensache. Der Hauptzweck ist die Befruchtung der Blumen und die Beförderung reichlicher Ernten. Die Bienenzucht müßte betrieben werden, wenn auch jener Nebenzweck nicht stattfindet. Der Staat muß ein stehendes Heer von Bienen halten."

Diese Forderung ist längst Wirklichkeit geworden. Der Staat versucht bereits, das vorhandene Heer von Bienen zu erhalten, indem er die Bienenzucht finanziell fördert. Allerdings reichen diese Aufwendungen nicht aus, zumal sie nur in Geld erfolgen. Sie müssen durch Maßnahmen ergänzt werden, die die staatlichen Stellen in die Wege leiten können. Für eine bessere Ernährung des Bienenheeres muß gesorgt werden.

Auf Subventionen, auch Verbilligung des Zuckers zur Einfütterung der Bienen, kann man nicht verzichten und wird sie sogar laufend erhöhen müssen. Wichtiger ist aber, daß die Bienen überall und im Laufe der ganzen warmen Jahreszeit ausreichend Nahrung finden können. Eine hungernde Truppe ist nicht einsatzbereit. Das Lebensrecht der Honigbiene muß in den Mittelpunkt der Überlegung treten, nicht die wirtschaftliche Lage der Imker allein. Der herrschende Notstand darf nicht konserviert werden. Ihn durch ein Gesetz zu schützen, reicht nicht aus, sondern ist im Grunde sinnlos.

Die Auswahl der Bäume und Randgehölze in den Wäldern, der Hecken in der Landschaft und der Straßenbäume ist entscheidend. Dazu bedarf es keiner speziellen finanziellen Überlegungen, die die Durchführung behindern könnten. Nicht nur Waldbrände und Flurbereinigungsverfahren geben immer wieder Gelegenheit, eine Neubelebung von Wald und

Flur unter besonderer Berücksichtigung der Bienenzucht zu erreichen.

Das ist die Forderung und Erkenntnis der Fachleute: Für die Unterkünfte und Betreuung der „Heereseinheiten“ (Bienenstöcke) müssen die Imker aufkommen, für ausreichende Verpflegung der Truppe müssen die staatlichen Behörden sorgen.

Ohne Bienen geht es nicht!

Die ökologische Bedeutung

Die Honigbiene und die Blüten stehen in einem wechselseitigen Zusammenhang. Das Leben der Honigbiene hängt von dem Vorhandensein von blühenden Gewächsen ab, denn sie liefern ihr die notwendigen Nahrungsstoffe. Daß umgekehrt auch das Leben zahlreicher Pflanzen auf das Vorhandensein der Honigbiene angewiesen ist, ist eine logische Folgerung, die allerdings noch nicht völlig begriffen worden ist. Die Wissenschaft, die sich mit diesen Zusammenhängen befaßt, die Ökologie, ist ein zu junges Forschungsgebiet, um das Ausmaß bereits in exakten Zahlen angeben zu können. Dessen bedarf es eigentlich auch nicht, um die Bedeutung der Honigbiene im Haushalt der Natur zu erkennen und anzuerkennen.

Etwa 80 % aller blühenden Gewächse werden von Bienen beflogen. Die Honigbiene ist das einzige Insekt, das im Frühjahr in hinreichender Zahl zur Befruchtung zur Verfügung steht. 10 000 Sammlerinnen warten in jedem Bienenstock auf den Beginn der Blühperiode. Die anderen Insekten sind nur durch die einzeln überwinternden Königinnen vertreten, die sich zudem auch um andere Nahrungsstoffe für den

Bienen in der Landschaft

Für böse hält man oft die Bienen,
obwohl sie uns so emsig dienen.
Dies Urteil ist ganz ungerecht,
denn von Natur sind sie nicht schlecht.

Sie saugen nicht von Tieren Blut,
verzehr'n sie nicht aus Gier und Wut.
Sie widerlegen, was sonst gilt,
daß Töten nur den Hunger stillt.

Den Überfluß an Blütensaft
verwandeln sie in Lebenskraft.
Der Blütenstaub, der sonst verweht,
auf ihrem Speisezettel steht.
Doch wird er erst als Schmaus verputzt,
wenn zur Befruchtung er genutzt.

Der Bienen Wildheit ist gehemmt,
denn Streit im Stock ist ihnen fremd.
Sie wehr'n sich nur, wie's sich gehört,
wenn man ihr friedlich Sammeln stört.

Drum gebt doch eure Schutzgehege
als Freiraum für die Bienenpflege.
Auch wenn sie klein, die Imkerei,
sie ist doch keine Spielerei.

Unbürokratisch hilft man nur,
wenn man besiedelt die Natur
mit Bienen — wenig oder viel.
Belebte Landschaft ist das Ziel.

Nestbau und die Aufzucht ihrer Nachkommenschaft kümmern müssen. Das Frühjahr ist eine relativ insektenarme, aber blütenreiche Zeit. Die Hauptleistung der Bestäubung verrichten die Bienen, wenn sie vorhanden sind. Das ist die Lage, gegen die es keinen Einwand gibt.

Die ökologische Bedeutung der Honigbiene besteht darin, daß sie für einen reichen Fruchtansatz der Wildpflanzen sorgt. Dadurch garantiert sie deren Vermehrung und die ausreichende Versorgung der Vogelwelt und des Wildes mit Beeren und Früchten.

Aus ihrer ursprünglichen Heimat, dem Wald und der freien Landschaft, ist die Honigbiene allmählich verdrängt worden. Das hat bei einer Menge von Wildpflanzen zur Verkümmerung und schließlich zum allmählichen Untergang geführt. Zwar kann auch Windbestäubung stattfinden, aber das ist vielfach nur ein Notbehelf. Die Bestäubung durch die Honigbiene ist so bedeutsam, weil sie gutes Wetter kurzfristig mit vollem Einsatz nutzen kann, so daß Regen und Frosteinbrüche nicht übermäßigen Schaden anrichten können, wie es ohne sie geschehen würde.

Es ist die Antwort der Natur auf Widrigkeiten der Witterung, mit Überfluß in normalen Zeiten das auszugleichen, was durch das Wetter in schlechten Jahren an Schaden angerichtet wird. Bei den im Frühjahr blühenden Wildgewächsen sorgen die Bienen für das Übermaß. Sie stehen gegenüber anderen Insekten reichlich zur Bestäubung zur Verfügung. Zudem bringen sie durch ihre Blütenstetigkeit über das Maß der anderen Insekten hinaus den Pollen dorthin, wo er wirksam werden kann.

Wenn die Urbeziehung zwischen Blüte und Honigbiene als umfassendes Öko-System erkannt wird, ist es klar, daß dieses unterbrochen und gestört ist, wenn die Bienen fehlen.

Dieses wieder herzustellen, kann nur gelingen, wenn man sich um eine größtmögliche Verbreitung der Bienen durch Ansiedlung von Bienenständen in der Landschaft bemüht. Es geht einfach nicht an, allein Pflanzen, die vom Aussterben bedroht sind, wieder anzusiedeln, ohne die verdrängte Honigbiene zu beteiligen. Man kann umgekehrt die Honigbiene nicht dort halten, wo die Landschaft so blütenarm geworden ist, daß kein genügendes Nahrungsangebot mehr vorliegt.

Vergißt man, bei der Planung des Naturschutzes die Honigbiene oder klammert sie aus, weil sie rechtlich nicht mehr zu den wildlebenden Tieren gezählt werden kann, so begeht man einen Denkfehler und eine Unterlassungssünde. Die ökologische Bedeutung der Honigbiene für den Haushalt der Natur übertrifft den Wert aller verdrängten oder vom Untergang bedrohten Tiere, deren Ansiedlung aus Gründen der Arterhaltung druchaus geboten erscheint.

Die Ansiedlung von Bienenständen in der freien Natur, insbesondere in den Naturschutzgebieten, Landschaftsschutzgebieten und Naturparks, dient in erster Linie der Arterhaltung ungezählter Wildpflanzen und zugleich der Erhaltung der Bienenzucht und der Gesundung der Landschaft. Daran muß gedacht werden, wenn der Naturschutz mehr als Schutzmaßnahmen plant. Die im Laufe der Zeit eingetretene Verödung und Vergrünung der Landschaft kann nicht allein durch artenreiche Anpflanzungen, wie in einem botanischen Garten, erfolgen. Das natürliche Zusammenwirken von Blüte und Biene muß überall, wo es nur möglich ist, wieder erstehen.

Ohne Bienen geht es nicht, wenn das Programm des Artenschutzes Erfolg haben soll. Ohne eine vorausschauende Landschaftsentwicklung geht es auch nicht, denn nur die Landschaft ist gesund und kann artenreich sein und bleiben, in der die Honigbiene leben kann. Die Lebensmöglichkeit der Honigbiene kann dabei als Test gelten.

Wo keine Biene leben kann,
fängt die moderne Wüste an.

II. Teil

Das Bienenrecht

Das Lebensrecht der Honigbiene

Die Eigenart der Honigbiene macht es, wie die Erfahrung lehrt, dem Gesetzgeber, der Rechtsprechung und den Behörden nicht gerade leicht, die Imkerei im Vergleich mit anderer Nutztierhaltung sachgerecht zu beurteilen. Die Hauptschwierigkeit besteht in folgendem: Während jeder Tierhalter seine ihm gehörenden Vierbeiner oder das Geflügel auf seinem eigenen Grundstück halten kann und ihr Ausbrechen aus diesem Areal mit Erfolg verhindert, suchen die Bienen ihre Nahrung überall dort, wo es blüht, also auch und gerade auf benachbarten Grundstücken. Selbst Tauben, die überall hinfliegen, lassen sich während der Zeit der Aussaat einsperren. Nicht so die Bienen! Sie können allenfalls bei nächtlicher Wanderung kurzfristig bis zum Morgen am Ausflug gehindert werden, ohne Schaden zu nehmen.

Eine weitere Schwierigkeit besteht darin, daß der Jurist trotz seines Fachwissens eben ein Laie ist. Zwar überwindet das Gericht diesen Mangel wie auf anderen Gebieten durch die Anhörung eines Sachverständigen, aber der Gesetzgeber und der Verwaltungsjurist befinden sich in mißlicher Lage, wie die Änderung des Baugesetzes und des Naturschutzgesetzes und die Unsicherheiten bei der sachgerechten Anwendung der Bestimmungen zeigen. Diesen Gegebenheiten kann man nur wenig durch kritische Bemerkungen begegnen, vielmehr muß man sie durch sachliche Informationen zu überwinden suchen. Das dient einer vernünftigen Rechtsentwicklung, die gerade auf dem Gebiete der bedrängenden Umweltfragen notwendig erscheint.

Aber auch die Öffentlichkeit übersieht vielfach die echten Probleme, wenn sie vorwiegend über sensationelle Vorgänge unterrichtet wird und mangels umfassender Kenntnisse diese kaum so bewerten kann, wie es angemessen wäre. Einseitige Informationen über anscheinend aus dem Rahmen fallende Vorfälle klären nicht auf, sondern verwirren. Auch hier gilt es, die sachliche Beurteilung zu ermöglichen und zu fördern.

Zwiespältig ist naturgemäß die Reaktion der Nachbarschaft, die vorwiegend von der Bienenhaltung berührt wird. Der verständnisvolle Nachbar wird den Einflug der Bienen in seinen Garten begrüßen, weil er ihm nützt. Er kann eine Steigerung des Ertrages von seinen Obstbäumen, Beerensträuchern und Gemüse erwarten, die auf keinem anderen Wege zu erreichen ist. Um so sicherer darf er mit einem Erfolge rechnen, je näher die Bienenstöcke bei seinem Grundstück aufgestellt sind. Für ihn bedeutet es keine Zumutung, auf das Verhalten der Bienen im eigenen Interesse die gebotene Rücksicht zu nehmen. Er muß nur ein wenig Obacht geben. Für ihn stellt das Summen der Bienen nichts Furchterregendes dar, sondern ist die selbstverständliche Begleitmusik der belebten Natur, wie das Zwitschern der Vögel.

Wie aber sieht es mit dem ruhebedürftigen, durch Arbeit und Aufregungen überanstrengten oder durch gesundheitliche Verhältnisse geschwächten Menschen aus, den schon die Fliege an der Wand nervös macht? Ist es ihm zuzumuten, daß er den Bieneneinflug duldet, wenn er den ungestörten Genuß seines Gartens höher einschätzt als die Wohltat, die ihm die Bienen anbieten können? Kann man ihm seine Angst vor den Bienen, seine Besorgnis, von ihnen gestochen zu werden, ausreden? Was hat mehr Gewicht: Das Recht einzelner Personen auf Ausschaltung von Einwirkungen, die ihnen störend und lästig erscheinen, oder das Lebensrecht der Natur, in Sonderheit der Bienen, auf die die Volkswirtschaft und der Naturhaushalt offensichtlich nicht verzichten können?

Im Grunde ist diese Fragestellung falsch, denn beide Rechte haben ihr eigenes Gewicht. Es gilt — wie überall, wo Recht gegen Recht steht — die Grenzen des Rechtsanspruches zu erkennen und die Auswirkungen über den Einzelfall hinaus zu beurteilen. Das setzt voraus, daß man sich informiert und informieren läßt, sowohl über die Rechtslage als auch über die Möglichkeiten, den Konflikt zu vermeiden. Die Bedingungen, unter denen Mensch und Biene seit unvordenklichen Zeiten und auch unter den heutigen Verhältnissen friedlich nebeneinander leben und miteinander auskommen können, müssen im Vordergrund jeder Konfliktsbewältigung stehen.

Der wesentliche Inhalt des Bienenrechts zielt darauf, daß das Lebensrecht der Bienen Beachtung findet, weil Bienenhaltung überhaupt nur möglich ist, wenn sie von der Nachbarschaft geduldet wird. Die Durchführung des Bienenrechts hat zugleich die Wirkung, jedermann dazu zu veranlassen, ganz allgemein Rücksicht auf die Kleintierwelt zu nehmen. Wenn die Rechtsprechung diesem Gedanken zum Durchbruch verhelfen würde, könnte sich ein besseres Einfügen in Natur und Umwelt herstellen lassen. Es ist einleuchtend, daß die ungezügelte Verwendung von giftigen Vertilgungsmitteln eine nicht wiedergutzumachende Verseuchung des Bodens und der Gewässer herbeiführt. Ebenso sollte es jedermann klar sein, daß die Bienenhaltung nicht von Unduldsamkeit und Rücksichtslosigkeit einiger weniger abhängen darf. So ist das Bienenrecht zu verstehen: Nicht nur zur Sicherung eines wirtschaftlichen Erfolges des Imkers, sondern als Schutzrecht für die Honigbiene und damit für den unersetzlichen Nutzen für unsere Umwelt, an dem die Bienen erheblich beteiligt sind.

Die Grundzüge des Bienenrechts

Der Staat, der die Interessen der Allgemeinheit zu vertreten hat, muß in Kenntnis des volkswirtschaftlichen Nutzens Wert darauf legen, daß Bienen gehalten werden, wo immer es geht. Große Aufwendungen entstehen ihm allein dadurch, daß jedes Pflanzenschutzmittel auf Bienengefährdung hin untersucht werden muß. Bei rechtlichen Entscheidungen, in denen es um die Bienenhaltung geht, muß also auch das Interesse der Allgemeinheit und das des ganzen Nachbarschaftsbereiches Berücksichtigung finden. Es geht nicht nur um die Abwägung persönlicher und privatwirtschaftlicher Ansprüche, sondern zugleich um die Verwirklichung der Ziele, die sich der Staat in Umweltfragen zur Erhaltung der Fruchtbarkeit des Bodens und des Naturhaushalts gestellt hat. Dieser höhere Gesichtspunkt ist im Artikel 14 des Grundgesetzes angesprochen, in dessen 2. Absatz es heißt:

„Eigentum verpflichtet. Sein Gebrauch soll zugleich dem Wohle der Allgemeinheit dienen."

Die Gerichtsurteile und entsprechend die Kommentare schenken dieser Forderung bisher keine Beachtung. Nur wenn die zuständigen Instanzen dieser mehr Geltung verschaffen würden, wird einer weiteren Verdrängung der Honigbiene zu begegnen sein.

Drei Paragraphen im Bürgerlichen Gesetzbuch (BGB)

Das Bienenrecht bestand ursprünglich nur aus Bestimmungen, die dem Imker die Wahrnehmung seines Eigentumsrechts an den Schwärmen sichern sollte, und aus solchen, die ihm ein Recht auf freie Betätigung sicherten. Mehr und mehr hat es sich jedoch zu einem Schutzrecht für die Honigbiene entwickelt, zu einem Recht, das die Vergiftung der Umwelt in Schranken halten soll.

Die eigenartige, naturgegebene Vermehrung der Bienenstöcke durch Schwärme hat den Gesetzgeber veranlaßt, in den §§ 961—964 BGB ein Schwarmrecht zu schaffen. Darin ist bestimmt, daß ein Schwarm nicht herrenlos wird, wenn er den Bienenstock verläßt, sondern erst dann, wenn der Imker die Verfolgung aufgibt und damit auf sein Eigentum verzichtet. Damit der Imker seinen Eigentumsanspruch verwirklichen kann, ist er berechtigt, fremde Grundstücke bei der Verfolgung seiner Schwärme zu betreten.

So einsichtsvoll der Gesetzgeber hier das natürliche Verhalten der Bienen beachtet hat, so unverständlich muß seine Einstellung zur Frage der Haftpflicht erscheinen.

Die Haftpflicht des Bienenhalters

Im Jahre 1908 beschloß der Deutsche Reichstag eine Änderung des § 833 BGB zugunsten des Halters von Haustieren durch Befreiung von der uneingeschränkten Haftung. Die Imker wurden von dieser Wohltat ausgeschlossen, weil die Bienen keine Haustiere seien. Somit haftet der Imker nach wie vor für alle Schäden, die durch seine Bienen hervorgerufen werden.

Bei dieser Entscheidung stützte sich der Reichstag auf eine mittelalterliche Rechtsentscheidung: *„Die Biene ist ein wilder Wurm“* (Zitat einer Rechtsquelle aus dem 13. Jahrhundert). Mag man die Entscheidung selbst für falsch oder richtig halten, von den Imkern wurde diese Begründung verständlicherweise als Mißachtung der Bedeutung der Bienenzucht und der Leistung der Imkerei angesehen.

Ein Vierteljahrhundert später fand das Reichsgericht eine andere, allerdings ebenso unbefriedigende Begründung, der Biene die Haustiereigenschaft abzusprechen: *„Die Honigbiene kann nicht als Haustier angesehen werden, weil sie dem Haushalt zu fern ist und somit nicht derartig dem Einfluß des Halters unterliegt, wie dies bei Haustieren vorausgesetzt wird."* — Diese Formulierung sollte wohl zunächst nur die Auffassung des Gesetzgebers im Grundsatz stützen, dann aber auch die lächerlich klingende Behauptung, daß die Biene „ein wilder Wurm" sei, richtigstellen (Urteil vom 12. September 1933 V 153/33).

Die damalige Reichsfachgruppe Imker als zuständige Vertretung der Imkerschaft ließ jedoch nicht locker und versuchte zu einem späteren Zeitpunkt, die Haustierfrage erneut aufzurollen. Sie erreichte, daß sich das Oberlandesgericht Celle ihrer Meinung anschloß und die Honigbiene den Haustieren zuordnete. Begründung: *„Von der Staatsführung werden der volkswirtschaftliche Nutzen der Bienen und die Bedeutung der Bienenzucht anerkannt und die Imkerei den landwirtschaftlichen Betrieben zugeordnet."*

Dieses Urteil hob das Reichsgericht wieder auf. In seinem Urteil vom 19. November 1938 (VI 127/38) wurde der Begriff Haustier definiert und endgültig festgeschrieben, warum die Biene nicht darunter zu zählen ist. Dabei ging das Reichsgericht davon aus, daß das BGB nicht erklärt habe, was unter einem Haustier zu verstehen sei, und fand seine Argumentation im Sprachgebrauch. Demzufolge hat sich die Wortbedeutung „Haustier" in einer weit zurückliegenden Zeit gebildet, als nämlich unsere Vorfahren in ihrer Behausung mit den Nutztieren unter einem Dach zusammenlebten. Als

Haustier konnte man damals eben nur die Tiere bezeichnen, die der Mensch in seine Hausgemeinschaft aufnahm, um sie zu seinen Zwecken zu nutzen, nämlich zur Ernährung, Kleidung und Arbeitshilfe. Voraussetzung dafür war, daß diese Tiere „gehalten“ werden konnten, daß sie mit dem Menschen in seinem Haus friedlich mit- und nebeneinander leben konnten.

Daß die Biene an der Hausgemeinschaft nicht teilnehmen kann, ist verständlich. Sie besitzt keinen Kontakt zum Menschen und kann ihn gar nicht gewinnen. Ihre Kurzlebigkeit schließt allein schon aus, Erfahrungen mit den Menschen oder Tieren zu sammeln und auszuwerten. Die Biene kennt keinen „Herrn“! Insoweit unterscheidet sich die Biene deutlich von anderen Nutztieren, den sogenannten Haustieren. Das Reichsgericht zog daraus den Schluß, daß die Biene dem beherrschenden Einfluß des Halters nicht unterliegt. Es mag bei dem Stand der damaligen Kenntnisse durchaus zutreffend gewesen sein, wenn die Begründung meint, daß sich die Biene nicht mit Zwangsmitteln lenken läßt. Unzutreffend ist jedoch, wenn damit auch zum Ausdruck gebracht werden soll, daß keine anderen gleichwertigen Möglichkeiten gefunden werden könnten, einen beherrschenden Einfluß auf die Biene auszuüben.

So kann heute nicht mehr behauptet werden, die Nachbarschaft sei der Biene schutzlos ausgeliefert. Allerdings sehen die Schutzvorrichtungen anders aus als bei anderen Haustieren; sie sind jedoch ebenso wirksam und zuverlässig, wenn sich der Mensch entsprechend verhält.

Daß sich ein Haustier oft nur deshalb zahm verhält, weil es durch Zwangsmittel an natürlichen oder willkürlichen Reaktionen gehindert wird, ist bekannt. Bei der Biene ist es gelungen, durch erfolgreiche Züchtung ein friedfertiges Verhalten zu erreichen. Dazu kommt die Möglichkeit der Lenkung des

Bienenfluges, durch die eine Begegnung mit den Menschen ausgeschaltet werden kann. Schon allein diese beiden Faktoren, durch die voraussehbare natürliche Reaktionen der Biene ausgeschlossen werden, können die Bienenhaltung ähnlich unproblematisch machen wie das Halten von Haustieren anderer Art. Entscheidend für die Frage, ob ein Tier zum Haustier geworden ist, ist offensichtlich weder die natürliche Eigenart des Tieres, noch dessen Nutzwert, sondern die Art und Weise, wie es der Mensch verstanden hat, das Tier zu halten. Er hat die Haustiere aus ihrer gewohnten Umgebung herausgelöst, sie gehindert, sich wieder zu entfernen, und hat sie durch „Zuckerbrot und Peitsche" gefügig gemacht. Nicht so die Biene.

Zwar scheint auch sie aus ihrer natürlichen Umgebung herausgeholt zu sein, wenn man den Standort der Bienenstände in den Dörfern und in den Stadtrandsiedlungen fern von der offenen Landschaft und den Waldungen bedenkt. Es ist jedoch ein Irrtum, die heutigen Nutzwälder als Heimat der Honigbiene anzusprechen. Ihr ehemaliger Aufenthaltsort war die vom Menschen noch nicht in Kultur genommene, wildwüchsige Landschaft und nicht nur die Waldungen. Dieser Lebensraum ist im Laufe der Zeit eingeengt worden, indem die Landschaft immer mehr zur Kulturlandschaft verwandelt wurde, die Urwälder aber samt und sonders forstwirtschaftlich betriebenen Wäldern weichen mußten. Von der großen Fülle einer blühenden Naturlandschaft sind kaum noch Reste übriggeblieben.

Dadurch, daß der Mensch es verstanden hat, die ihm zugeflogenen Schwärme in Körben, Baumstümpfen oder anderen Hohlgefäßen „bei seiner Behausung" einzuquartieren, hat die „Hausbienenzucht" den Bienen eine neue Heimstatt geschaffen und ihren Untergang und ihr Aussterben verhindert. Durch diese Ansiedlung in der Nähe der menschlichen

Wohnungen und ihren Übergang in die Obhut des Menschen hat sich die Lebensweise der Honigbiene nicht geändert.

Sie ernährt sich nach wie vor vom Besuch der blühenden Bäume, Sträucher und Kräuter, die in den Gärten, Feldern, in Wald und Flur vorhanden sind, heute allerdings nicht mehr ausreichend, so daß die Imker mit ihnen dorthin wandern müssen, wo jeweils ein gutes Angebot, eine reichliche Tracht zu erwarten ist.

Die Bienen werden also nicht in einem Pferch oder Stall eingesperrt, sondern halten sich in Körben und Kästen auf, die man an unterschiedlichen Stellen aufstellen kann. Das Bienenhaus oder der Bienenstand dient vor allem als Schutzhütte für die aus Holz oder Stroh gefertigten Bienenwohnungen, damit sie heilbleiben und die Bienenstöcke störungsfrei stehen können. Wind und Wetter, aber auch unerwünschte Eingriffe von Mensch und Tier sollen dadurch abgewiesen werden.

Haustier

Kein Haustier ist die Honigbiene,
sagt der Jurist mit strenger Miene.
Sie war es nie, sie ist es nicht
entschied sogar das Reichsgericht.

Aus Vorsicht und der Nachbarn wegen
läßt sie sich nicht in Ketten legen.
Sie lebt wie einst in Flur und Feld,
sucht Nahrung, wo es ihr gefällt.

▷

Ein Haustier? Das wird eingesperrt
und ihm die Freiheit ganz verwehrt.
Frißt's aus dem Trog, hat sich's bequemt,
so gilt das Haustier als gezähmt.

Nicht so die Biene, sie ist frei,
doch ohne Zwang bleibt sie uns treu.
Sie kommt nach kurzem Flug zurück
in ihren Stock, dort liegt ihr Glück.

Sie brüllt und jault nicht, bricht nicht aus,
erzeugt nicht Lärm im Bienenhaus.
Sie macht vor allem keinen Mist,
was doch beim Haustier lästig ist.

Sie ist kein ungebärdig Tier.
Sie liebt den Frieden, laßt ihn ihr.
Geht still vorbei und lärmet nicht,
damit sie euch nicht doch noch sticht.

Sie ist ein Nützling und kein Räuber,
ein Honigsammler und Bestäuber.
Kein Haustier, keine Landmaschinen
vollführen das, wofür die Bienen
in Flur und Garten emsig sorgen.
Verdrängt sie nicht, sonst fehl'n sie morgen,
weil ohne Bienen wenig Frucht,
sei hochgelobt die Bienenzucht.

Das Nachbarschaftsrecht

Die wichtigste Entscheidung im Bienenrecht ist durch das Reichsgerichtsurteil vom 20. September 1933 (V 153/33) getroffen worden. Danach fällt der Bienenflug unter die Bestimmungen des § 906 BGB, der den Nachbarn zur *„Duldung unwesentlicher Einwirkungen"* verpflichtet. Das Reichsgericht ging davon aus, daß die Bienenhaltung zwangsläufig ein Eindringen der Bienen in fremde Grundstücke mit sich bringt. Es folgerte daraus: *„Wollte man dem Bienenzüchter den Schutz des § 906 BGB versagen, so wäre eine sachgemäße Bienenzucht so gut wie ausgeschlossen."* — Es berief sich dabei auf die Bedeutung der Bienenzucht für die Volkswirtschaft. Soweit der Bienenflug die Nutzung des Nachbargrundstücks nur unwesentlich beeinträchtigt, kann der Nachbar die Bienenhaltung gemäß § 1004 BGB nicht verbieten. Aber selbst eine wesentliche Beeinträchtigung muß er hinnehmen, wenn die Bienenhaltung ortsüblich ist und die Einwirkung durch Maßnahmen, die wirtschaftlich zumutbar sind, nicht verhindert werden kann.

Die Anwendung des § 906 BGB zielt darauf ab, die Nutzung des Grundeigentums in wirtschaftlicher Hinsicht zu garantieren. Sind die Einwirkungen vom Nachbargrundstück in dieser Beziehung unwesentlich, so können sie ertragen werden. So hat die Rechtssprechung stets den Einwand, daß es gelegentlich zu Bienenstichen gekommen wäre, nicht als wesentliche Beeinträchtigung angesehen.

Das Reichsgericht hat darüber hinaus bereits im Jahre 1933 entschieden, daß die Verschmutzung von Wäsche, die beim Reinigungsflug der Bienen eingetreten ist, nicht unerträglich ist. Entsprechend urteilte das Amtsgericht Vlotho (C 102/73 vom 17. 9. 1973) über die Verschmutzung von Kraftfahrzeugen durch Bienenkot. In beiden Fällen lassen sich die Flekken leicht wieder entfernen. Die Nutzung des Grundstücks zum Wäschetrocknen bzw. als Parkplatz wird zudem nur kurzfristig beeinträchtigt. Es läßt sich manches durch entsprechende Rücksichtnahme des Betroffenen vermeiden.

Allerdings trifft es zu, daß das Einfliegen von Bienen den Immissionen, die der § 906 BGB zuläßt, nur als ähnlich angesehen werden kann. Der Hauptunterschied besteht darin, daß die Bienen durch die auf dem Nachbargrundstück wachsenden Pflanzen angelockt werden und keine Umweltverschmutzung darstellen, sondern in auffallendem Gegensatz zu den anderen Immissionen nützlich sind. Die in § 906 BGB genannten Belästigungen durch Gase, Dämpfe, Gerüche, Rauch, Ruß, Wärme, Geräusche, Erschütterungen sind nur negativer Art. Sie stören vor allem durch die Dauerbelastung, der man sich nicht entziehen kann, während die Bienen nur an wenigen Tagen und einigen Stunden ihren Besuch abstatten. Trotzdem können die Bienen als Störenfriede empfunden werden, besonders dann, wenn es sich nicht um die wirtschaftliche Nutzung eines Grundstücks, sondern die persönliche Benutzung eines Gartens zum Zwecke der Erholung handelt. Man errichtet Eigenheime in abseits gelegenen Wohnsiedlungen oder in ländlicher Umgebung, um hier ungestört von den Einwirkungen der Großstadt und Industrie die Freizeit genießen zu können. Wenn andere Störungen hier weitgehend ausgeschlossen sind, erhalten die Auswirkungen der Bienenhaltung ein größeres Gewicht. Sobald nämlich der Hausgarten seine Funktion als Obst- und Gemüsegarten völlig verliert und zum reinen Ziergarten wird, verschwindet der wirtschaftliche Nutzen des Gartengrundstücks. Die Rasenfläche wird Spiel- und Liegewiese und dient nur dem einseitigen Zweck, Aufenthalt der Bewohner des Hauses zu sein. Der Ziergarten wird gewißermaßen erweiterte Wohnfläche. So gesehen werden die Bienen wie andere Insekten zu unnützen und gar nicht erwünschten Eindringlingen, die den „häuslichen Frieden" berühren.

Diese in den Kerngebieten der Großstädte kaum anders mögliche, aber auch in Stadtrandsiedlungen schon häufig anzutreffende Benutzung des Hausgrundstücks könnte die Bienenhaltung zunehmend aus ihren Stammgebieten und gewöhnlichen Standorten verdrängen. Die großstädtische Bevölkerung, soweit sie dem Leben mit der Natur entfremdet ist und sich nicht den Wunsch bewahrt hat, selbst gezogenes Obst und Gemüse zu genießen, also die ausgesprochene Wohlstandsgesellschaft, neigt leicht zu einer bienenfeindlichen Einstellung. Warum sollte es aber nicht gelingen, auch sie zu gewinnen, die Tierwelt nicht nur hinter Gittern im Zoo oder allein auf dem Bildschirm zu betrachten, sondern in der freien Natur beobachten zu können? Wenn allerdings Stadtplanungen die Kleintierhaltung in Wohnbezirken, die im Grünen angelegt werden, auch die Bienenzucht in Bausch und Bogen verbietet, werden diese Bemühungen gänzlich vereitelt. Man unterbindet auf solche Art und Weise, daß nachfolgende Bewohner jemals wieder die Möglichkeit haben, den im Boden schlummernden Reichtum der Erde zu nutzen, weil sich die Fruchtbarkeit dieser bienenfreien Bereiche nicht genügend wieder herstellen läßt.

Die Ortsüblichkeit der Bienenhaltung

Die Frage nach der Ortsüblichkeit wäre leicht zu beantworten, wenn man sich danach richten könnte, daß üblicherweise Bienenvölker nur dort aufgestellt werden, wo sie genügend Nahrung finden können. Aber dies ist für den Imker nur noch ein Wunschtraum. Selbstverständlich wird eine Haupttracht stets vorhanden sein, vor allem die Frühtracht aus dem Obst, aber die Wahl des Aufstellungsplatzes für den Bienenstand bestimmt sich zwangsläufig aus einem anderen Erfordernis, das man nicht übersehen darf. Der Imker, in erhöhtem Maße aber der Anfänger in der Imkerei, muß die Bienenstöcke bei seinem Hause haben, um sie ständig — bei jeder Wetterlage und zu jeder Jahreszeit — beobachten zu können. Das Verhalten der Bienen am Flugloch zeigt ihm an, wann er eingreifen muß, um den Schwarm abzufangen oder zu verhindern oder um ihnen in einer Trachtlücke helfen zu können. Häufige Nachschau im Bienenstock beunruhigt und ist deshalb im Interesse der Bienen, aber auch der Nachbarschaft, ungünstig.

Nun meint die Rechtsprechung, daß sich die Ortsüblichkeit daraus ableiten läßt, ob auf vergleichbaren Grundstücken in einer durch ihren Zweck bestimmten Umgebung Bienen gehalten werden, ohne daß sie als wesensfremdes Element gelten müssen. Das zu entscheiden, ist die Aufgabe der ordentlichen Gerichte.

Der Nachbarschaftsprozeß

Eine gerichtliche Auseinandersetzung mit den Nachbarn gehört ganz allgemein zu den unerquicklichsten Geschehnissen. Den meisten Prozessen, die zum Ziele haben, daß die benachbarte Bienenhaltung aufgegeben werden soll, geht vielfach eine anders begründete Entfremdung voraus. Würde das nicht zutreffen, wäre eine Einigung „um des lieben Friedens willen" sicherlich möglich.

Die Situation ist zumeist die, daß der Nachbar sich in seiner Freiheit und Freizeitgestaltung eingeengt fühlt. Zudem weiß er, daß Bienenhaltung nur möglich ist, wenn er sie duldet. Außerdem besteht kein Zweifel darüber, wer der Verursacher der Belästigung ist. Der Imker dagegen befürchtet, daß ihm die Ausübung einer Tätigkeit unterbunden wird, die für ihn eine unvergleichliche Bereicherung seines Lebens darstellt, weil sie ihm — neben dem Ertrag des köstlichen Honigs — Entspannung und eine sinnvolle Erfüllung seiner Freizeit bietet und ihm die Möglichkeit eröffnet, bis ins hohe Alter einer ebenso anregenden wie befriedigenden Beschäftigung nachgehen zu können.

Es ist nicht möglich, das Ordnungsamt einzuschalten. Die Allgemeinheit ist nicht betroffen. Im übrigen liegt keine mit großer Wahrscheinlichkeit zu erwartende Gefährdung von Leben und Gesundheit vor, die es gälte, nach dem Gesetz für Sicherheit und Ordnung (SOG) eiligst zu beseitigen. Im Interessenkonflikt zwischen Nachbarn kann eben nur ein ordentliches Gericht entscheiden.

Prozesse dieser Art können allerdings wegen der Besonderheit des Streitobjektes lange dauern. Mit einer einstweiligen Verfügung ist nicht viel gewonnen, denn eine Beschleunigung des Verfahrens kann damit nicht erreicht werden, weil die Bienen — will man sie nicht sofort zum Tode verurteilen — sich nicht einsperren lassen. Auch lassen sich die Bienenkästen nicht beliebig an einer anderen Seite des Grundstücks aufstellen. Der Ärger würde dann nur noch größer, weil die Bienen die alte Stelle stets wieder anfliegen und dort vergeblich nach ihrer Behausung suchen. Man müßte sie schon mindestens 10 km weit fortbringen. Doch abgesehen davon, daß es nicht der Sinn einer einstweiligen Verfügung sein kann, das bereits durchzusetzen, was der Hauptsache nach erreicht werden soll, ist es schwierig, in kurzer Frist einen neuen Platz auszumachen, wo sie nicht stören und wo sie laufend betreut werden können.

Vor allem bleibt zu beachten, daß keine unmittelbar drohende Gefahr besteht, besonders, wenn die Bienenhaltung bereits längere Zeit betrieben worden ist. Bei einer drohenden Gefahr muß der Eintritt des befürchteten Ereignisses mit großer Wahrscheinlichkeit erwartet werden. Das ist aber bei der Voraussage von Insektenstichen nicht gegeben, schon weil sie leicht vermeidbar sind.

Wie gering die Gefährdung durch die Bienenhaltung einzuschätzen ist, ergibt sich bereits aus der Tatsache, daß die Versicherungsgesellschaften das Haftpflichtrisiko aus der Bienenhaltung kostenlos in die Haftpflichtversicherung des Hauseigentümers einschließen. Das Halten eines Hundes stellt dagegen ein hohes Risiko dar, das sich an den nicht unerheblichen Beitragssätzen für die Haftpflichtversicherung ablesen läßt. Im übrigen sind die Gefahren, denen man ständig im Straßenverkehr ausgesetzt ist, unvergleichlich größer. Diesen echten Gefahren, die den Tod oder dauernden körperlichen Schaden Tag für Tag vielen Menschen bereiten, begegnet man durch Verhaltensvorschriften. Wieviel einfacher ist es, im „Verkehr mit Bienen" sich besonnen zu verhalten. Von einer Gefahr durch Bienen zu sprechen, ist überzogen und angesichts der vielen erheblichen Gefahren, mit denen die Menschheit leben muß, im Grunde absurd. Selbst eine allergisch reagierende Person darf ihr persönliches Gesundheitsrisiko nicht zum Maßstab erheben, sondern kann sich ein klein wenig vorsichtiger verhalten, ähnlich wie der gesundheitlich behinderte Bürger im Straßenverkehr. Unrealistische Übertreibungen, sogenannte Prozeßbehauptungen, verschleiern den Tatbestand, der erkannt werden soll.

Im Nachbarschaftsprozeß geht es nämlich anders zu als im Strafprozeß. Der Imker sitzt nicht auf der Anklagebank, denn Bienenhaltung ist keine unerlaubte Handlung und der Bienenstich stellt keine strafbare Körperverletzung dar. Infolgedessen kann ein seltenes, noch so unangenehmes Ereignis mit Bienen kaum mehr als einen Haftpflichtanspruch auslösen. Es kann nur dann zum Prozeß kommen, wenn eine dauernde Beeinträchtigung oder Belästigung vorliegt und der

Imker nicht einsichtsvoll für Abstellung sorgt. Zunächst wird die Wirksamkeit einer angebotenen oder durchgeführten Abhilfe abgewartet werden müssen. Werden Versuche dieser Art vor dem Prozeßbeginn unternommen, läßt sich mancher, das nachbarliche Verhältnis für alle Zeiten belastende Rechtsstreit vermeiden.

Erfolg der Klage

Das Bienchen summt, es ahnt es nicht,
daß heute urteilt ein Gericht
in einer großen, fernen Stadt,
weil solches sich ereignet hat:
Sein Schwesterlein erschrocken stach,
der Nachbar klagte Weh und Ach!
Der Richter hört sich schweigend an,
was dessen Anwalt sagen kann.
Ihm ist's ein Buch mit sieben Siegeln
so ein Insekt mit zwo Paar Flügeln.
Der Sachverständ'ge wundert sich
und hält's für einen Wespenstich.
Und schließlich man sich dann vergleicht:
der Imker zahlt, das ist erreicht.

Das Sachverständigengutachten

Der Nachbarschaftsprozeß kann recht teuer werden, weil man ohne ein Sachverständigengutachten meistens nicht auskommen wird. Richter und Anwälte sind im allgemeinen Laien, die zwar die vorgetragenen Beschwerden verständlich finden, aber nicht zweifelsfrei erkennen können, ob und wie Abhilfe möglich ist. Zwar kann sich das Gericht zunächst durch eine Ortsbesichtigung ein eigenes Urteil über die Lage verschaffen, doch wird es auf die Anhörung eines Sachverständigen kaum verzichten können, wenn sie beantragt wird. Das alles verzögert die Entscheidung und erhöht die Kosten.

Die Aufgabe des Sachverständigen besteht darin, fachlich begründete Auskunft zu geben, insbesondere dem Gericht auf seine Fragen zum Zwecke der Beweiserhebung zu antworten. Vielfach wird zwar nicht nach der Ursache des Zustandekommens von Belästigungen gefragt, sondern nur nach der Zweckmäßigkeit von Vorschlägen, die die klagende Partei vorgetragen hat. In jedem Fall aber muß der Sachverständige zunächst die Ursache erkennen, um beurteilen zu können, ob die beantragte Maßnahme in der Lage ist, eine Änderung der Situation herbeizuführen. So wird z. B. gern eine Platzveränderung des Bienenstandes beantragt, ohne zu übersehen, ob diese nötig ist oder die erhoffte Wirkung hat.

Was bei einer Ortsbesichtigung der Beurteilung des Laien sich vielfach entzieht, ist die Möglichkeit, durch Vorrichtungen wirksame Änderungen herbeizuführen.

Der Sachverständige muß übrigens immer davon ausgehen, daß die vorgebrachten Beschwerden tatsächlich bestehen, auch wenn der Imker sie bestreitet. Er darf nicht annehmen, daß sich jemand ohne Grund beschwert. Bei der Prüfung der

Klagen kommen oft überraschende Ursachen für die Belästigungen zutage, deren Auswirkung die streitenden Parteien nicht erkannt haben. Von diesen seien genannt:

— Neuerworbene Hausgrundstücke besitzen oft noch keine schützende Kulisse zum Nachbargrundstück;
— landschaftliche Veränderungen, wie Entfernen von Hekken und Bäumen, schaffen eine neue Lage;
— Bebauung im Nahbereich des Bienenstandes hat bisher nicht vorhandene Schwierigkeiten hervorgerufen. Unerwünschte Einflugschneisen der Bienen können entstanden sein.
— Zierteiche, Swimmingpools und Vogeltränken locken die Bienen dorthin, wo sie nicht gern gesehen sind. In diesem Falle gilt es zu prüfen, warum die Bienen die vorhandene Bienentränke nicht anfliegen.

Eine Fülle von Möglichkeiten, die zur Klage geführt haben, gilt es zu untersuchen. Die oft und gern angeführte Schutzbehauptung des Imkers, daß die Fluglöcher nicht auf die Nachbargrenze gerichtet sind, hat wenig Gewicht. Die Bienen können durchaus über das Bienenhaus hinweg einen Flugkorridor benutzen, der zu niedrig über das Nachbargrundstück führt. Ebenfalls kann eine Matte von 2 m Höhe nicht geeignet sein zu verhindern, daß die Gartenbesitzer mit den Bienen ständig in Berührung kommen. Da muß schon ein Hindernis von etwa 3—3,60 m Höhe geschaffen werden, z. B. ein Maschendrahtzaun, durch den die Bienen zwar einzeln hindurchfliegen, niemals aber ihre Straße legen.

Eine gewisse Rolle bei auftretenden Belästigungen kann die Qualität der Bienen spielen; ebenfalls ist die Arbeitsweise des Imkers zu beachten. Ob die Bienen aus einer anerkannten Züchtung stammen, also nach Sanftmütigkeit ausgelesen sind, läßt sich leicht feststellen. Wie der Imker sie behan-

Das Bienenhaus kann dicht an der hohen Hecke stehen

delt und ob er bei der Honigentnahme so vorgeht, daß eine große Aufregung am Bienenstand vermieden wird, ist zu erfragen, denn dem erprobten Sachverständigen ist bekannt, wie man es machen kann und wie man es nicht machen darf. Der Duldungspflicht des Nachbarn steht eine überlegte Rücksichtnahme des Imkers gegenüber.

Dem Sachverständigen ist es nicht erlaubt, Zeugen anzuhören. Er kann seine Feststellung an Ort und Stelle nur in Anwesenheit beider Parteien treffen. Er soll sich in seinem Gutachten zu den in den Schriftsätzen enthaltenen oder mündlich vorgetragenen Argumenten und Gegenargumenten äußern. Die Entscheidung des Gerichts muß er durch eine objektive Sachdarstellung vorbereiten helfen und erleichtern, darf aber nicht die Meinung haben, daß seine Ausführungen unbedingt prozeßentscheidend sind. Das Gericht ist an ein Sachverständigengutachten nicht gebunden, würde es aber beachten, wenn es überzeugend und eindeutig ausfällt und sich zugleich jeder rechtlichen Würdigung des Tatbestandes enthält.

Im übrigen muß sich der Sachverständige davor hüten, eine vorgefaßte Meinung oder eine einseitige Theorie zu vertreten. Seine Aufgabe, in der mündlichen Verhandlung nur Fragen zu beantworten, ist nicht ganz einfach.

Die Bienenschutzverordnung

In der Verordnung zum Schutze der Bienen vor Gefahren durch Pflanzenschutzmittel vom 19. Dezember 1972 (Bienenschutzverordnung, Bundesgesetzblatt Teil I Nr. 140 vom 22. 12. 1972) ist u. a. bestimmt, daß

— bienengefährliche Pflanzenschutzmittel nicht an blühenden Pflanzen angewendet werden dürfen.

Will man bienengefährliche Pflanzenschutzmittel benutzen, wenn die Pflanzen nicht blühen, gelten folgende Bestimmungen:

1. Blühende Pflanzen (auch Unkräuter) dürfen nicht mitgetroffen werden.
2. Sie dürfen ohne Zustimmung des Imkers nicht innerhalb eines Umkreises von 60 m um den Bienenstand entfernt und nur außerhalb der Zeit des täglichen Bienenfluges angewandt werden. Sie müssen so gehandhabt und aufbewahrt werden, daß die Bienen mit ihnen nicht in Berührung kommen können.
3. Jedes Pflanzenschutzmittel, das bienengefährlich ist, ist als solches gekennzeichnet.

Diese Bestimmungen sind zu wenig bekannt und werden deshalb nicht genügend beachtet, obwohl sie an Deutlichkeit nichts zu wünschen übriglassen. Nur Landwirte, die sich nach den ständig wiederholten Anweisungen der Pflanzenschutzämter richten, besitzen die notwendigen Kenntnisse, um Vergiftungsfälle vermeiden zu können. Sie wissen, mit welchen bienen**un**gefährlichen Mitteln der gleiche Erfolg mit Rücksicht auf die Bienen erzielt werden kann.

Da heute in jedem Haushalt gefährliche Mittel vorhanden sind und benutzt werden, ist die Ahnungslosigkeit der Garten- und Balkonbesitzer eine kaum zu verstopfende Quelle, aus der das teuflische Gift sprudelt. Es ist zwar zu erwarten, daß jeder das allgemeine Interesse, die Vergiftung der Umwelt einzuschränken, teilt, aber daß jeder die notwendige Folgerung daraus zieht, selbst kein Gift zu verwenden oder wenigstens seine Anwendung so sparsam wie möglich und unter strenger Beachtung der Vorschriften vorzunehmen, ist kaum erreichbar. Die Forderung:

Schützt die Bienen!

bedeutet, auf bienengefährliches Gift zu verzichten.

Das Bundesbaugesetz (BBauG)

Das Bundesbaugesetz vom 23. Juni 1960 hat die Gewohnheit und Notwendigkeit, daß die Imker ihre Bienen vielfach außerhalb der Wohngebiete halten oder gezwungenermaßen dort aufstellen müssen, nicht bedacht. Es hatte nur den grundbesitzenden Landwirten das Recht eingeräumt, im Außenbereich Zweckbauten zu errichten. Die Landschaft sollte nach Möglichkeit von Gebäuden freigehalten werden. So konnten die Imker nur ausnahmsweise die Errichtung eines Bienenhauses genehmigt erhalten. Diese konnten nur zugelassen werden wegen der nachteiligen Wirkung der Bienenhaltung auf die Umgebung und wegen seiner besonderen Zweckbestimmung, nur im Außenbereich ausgeführt zu werden.

Dabei konnte es nicht bleiben, zumal höchste Gerichte Urteile fällten, die der Imkerei die Zugehörigkeit zur Landwirtschaft bestritten, weil sie nach der Konzeption des Gesetzes keine Bodenbewirtschaftung betreiben. Die Neufassung des Bundesbaugesetzes vom 25. 8. 1976 brachte eine Änderung des § 146 BBauG. Danach ist die berufsmäßige Imkerei Landwirtschaft im Sinne des Gesetzes. Das bedeutet, daß eine Imkerei, die mit ähnlicher Zielstrebigkeit und Erfolgsaussicht „wie ein Beruf" betrieben wird, an dem Privileg der Landwirtschaft teilnimmt, im Außenbereich eine zweckbestimmte Baulichkeit errichten zu können. Die Schutzhütte für die Bienenstöcke, das Bienenhaus, muß eben nicht als Fremdkörper in der Landschaft, sondern als notwendiges Zubehör einer Imkerei angesehen werden.

Der Imker wird den Nachweis erbringen müssen, daß er persönlich und sachlich so ausgerüstet ist, daß er eine überdurchschnittlich große Imkerei betreiben kann. Zu den persönlichen Voraussetzungen zählen Befähigung und praktische Erfahrung. Durch wirtschaftliches Handeln, eine zweckgerichtete Arbeitsweise und überdurchschnittliches Fachwissen, verbunden mit der Bereitschaft zu ständiger Fortbildung, muß der Imker die Ernsthaftigkeit seiner auf die Dauer gerichteten Bemühung glaubhaft machen. Eine ausreichende technische Ausstattung gehört zu den sachlichen Voraussetzungen. Also nicht der Besitz von mehr als 10 Bienenvölkern, was dem Durchschnitt entspricht, ist entscheidend, sondern mehrjähriges, erfolgreiches Imkern. Nur so lassen sich unerwünschte, unter dem Deckmantel der Imkerei beabsichtigte Wochenendbauten verhindern. Die Bauämter lassen nur solche Gebäude zu, die unverwechselbar Bienenhäuser sind. Sind diese Bedingungen erfüllt, ist dem Gesetz Genüge getan und kann auch die Imkerei, die aus dem Innenbereich verdrängt wird, erhalten werden und einen geeigneten Standort erhalten. Darauf kommt es schließlich an: Nicht nur auf die notwendige Abwehr unerwünschter Baulichkeiten in der Landschaft, sondern die positive Förderung der Bienenzucht durch Ansiedlung von Bienenständen in den Landschaftsräumen, vor allem in den Schutzgebieten, wie auch in den Wäldern, wo die Bienen fehlen, ist erforderlich.

Die Anwendung des § 35 BBauG wird noch recht unterschiedlich gehandhabt, weil der Begriff der berufsmäßigen Imkerei vielfach mißverstanden wird und bürokratisch aus der Zahl der bewirtschafteten Völker abgeleitet wird. Zunächst muß aber geklärt werden, ob ein erprobter Imker ein Bauvorhaben anmeldet, also eine berufsmäßige Imkerei nach § 146 BBauG vorliegt. Erst dann kann entschieden werden, ob § 35 (1) BBauG zur Anwendung kommt, oder eine Ausnahmebestimmung, wie sie nach bisherigem Recht auch schon möglich war.

Unberührt von diesen Regelungen ist die Aufstellung von Wanderständen und Wanderwagen im Außenbereich. Das Errichten von Dauerständen, auch wenn sie nach den Bauordnungen der Länder ihrer geringen Größe wegen genehmigungsfrei sind, bedarf in jedem Falle einer Anzeige bei der Baubehörde. Auch muß erwähnt werden, daß ein Bienenhaus, das nicht mehr als solches benutzt wird, zu entfernen ist und für keinen anderen Zweck ohne Zustimmung der Behörde genutzt werden darf. Deshalb werden Bienenhäuser ohne Fundament errichtet. Einzäunungen für die imkerlich genutzten Grundstücke müssen unterbleiben, um die Landschaft für das Wild offenzuhalten.

Der Naturschutz

Dem Bundesnaturschutzgesetz vom 20. 12. 1976 liegt eine Konzeption zugrunde, die die Kenntnis des Wertes der Honigbiene für die Bestäubung der Wildpflanzen vermissen läßt. Wie schon im Naturschutzgesetz vom Jahre 1935 kann die Honigbiene selbst als ein nicht mehr wildlebendes Tier durch das Gesetz keinen Schutz erhalten. Das darf aber nicht ausschließen, den Einsatz der Honigbiene für die Belebung des Naturhaushaltes vorzusehen. Bei der Einrichtung von Landschaftsschutzgebieten, Naturschutzgebieten und Naturparks, ist dieses aber zunächst übersehen worden und unerwähnt geblieben, obwohl die Besiedlung der Landschaft mit Bienen im Bienenrecht verankert ist.

Das Kernstück des Bundesnaturschutzgesetzes ist der Artenschutz, der im § 20 folgendermaßen definiert ist:

„Die Vorschriften dieses Abschnittes dienen dem Schutz und der Pflege der wildwachsenden Pflanzen und wildlebenden Tiere, ihrer Entwicklungsformen, Lebensstätten, Lebensräume und Lebensgemeinschaften als Teil des Naturhaushaltes (Artenschutz).

Der Artenschutz schließt auch die Ansiedlung verdrängter oder in ihrem Bestande bedrohter Pflanzen und Tiere an geeigneten Lebensstätten innerhalb ihres natürlichen Verbreitungsgebietes ein."

Geht man davon aus, daß zu der Lebensgemeinschaft zahlreicher Wildpflanzen die Bienen gehören, so kann man daraus ableiten, daß die Honigbiene als verdrängtes Tier an geeigneten Lebensstätten innerhalb ihres natürlichen Verbreitungsgebietes angesiedelt werden müßte. Sinn und Wortlaut dieser Bestimmung erlaubt eine solche Deutung, denn die Beachtung der Beziehung zwischen Biene und Blüte kann man nicht ausklammern, sondern muß sie in geeigneter Weise fördern und wiederherstellen, wenn man die ökologischen Fragen bei der Landschaftsentwicklung wichtig nimmt. Die Erkenntnis *„ohne Bienen geht es nicht“* wird bei einer zu erwartenden Neufassung des Naturschutzgesetzes deutlicher zum Ausdruck kommen, wenn ein besseres Verständnis für die Honigbiene erreicht sein wird.

Allgemeine Rechtsvorschriften

Das allgemeine Recht und Strafrechtsbestimmungen schützen die Bienen, denn sie stehen im Eigentum des Imkers. Besonders Diebstahl und Frevel bedrohen die Imkerei. Da einerseits die Bienen ihre Aufgabe in der Natur erfüllen sollen und andererseits eine Ernte erreicht werden muß, wandert der Imker mit seinen Bienen Trachtgebiete an und errichtet seine Bienenhäuser auch im ortsfernen Außenbereich. Diese Standplätze lassen sich nur unvollkommen gegen Diebstahl und Frevel sichern. Die Vorschriften der Bauämter lassen nicht zu, daß Schutzzäune aufgestellt werden. So werden sie leicht das Ziel übler Bubenstreiche. Das Verstopfen der Fluglöcher, Hineinsprühen von Gift und Umstürzen von Bienenkästen führt zu unsinniger Vernichtung. Die Erfahrung zeigt, daß solche Freveltaten vorwiegend von Jugendlichen ausgeführt werden.

Der berühmte Dichter August-Heinrich HOFFMANN (1798—1874), genannt HOFFMANN VON FALLERSLEBEN, hat in seinem Lied die Kinder ermahnt, die Bienen in Frieden zu lassen.

„Summ, summ, summ!
Bienchen summ herum.
Ei, wir tun dir nichts zu Leide,
flieg nur aus in Wald und Heide!
Summ, summ, summ!
Bienchen summ herum!"

Natur- und Landschaftsschutz stehen in den heutigen Bemühungen der Umweltfragen mit an erster Stelle. Sie sollten nicht nur in Gesetzen ihren Ausdruck finden, sondern in der praktischen Rücksichtnahme auf die Kleinlebewelt. Die Fruchtbarkeit der Landschaft und ihr Reichtum an Früchten, von denen das Wild und die Vogelwelt sich ernähren, hängt auch von den Insekten ab.

Ohne Bienen geht es nicht!

III. Teil

Das Bienenleben in Versen

die zugleich mit heiterem Ernst
den Kummer der Imker mit ihrer Umwelt
in der Nachbarschaft beschreiben

Die Bienen . . .

. . . haben keine Ohren

Die Bienen haben keine Ohren,
sie werden leider taub geboren.
Das liebe Summen, ihre Melodie,
wird uns gesungen, nicht für sie.

Der Imker schweigt im Bienenhaus,
mit Worten richtet er nichts aus.
Wer schimpft, wenn ihn die Bienen stören,
ahnt nicht, daß sie ihn gar nicht hören.

Doch Klopfen, Hämmern, starkes Schlagen,
das können Bienen nicht vertragen.
Empfindsam spüren nur alleine
den tiefen Ton die Bienenbeine.

Was Wunder: Bienen sind verbittert,
wenn ihre Beute dumpf erzittert.
Was nützt das Schimpfen auf die Bienen!
Solch' Unmut ist verfehlt bei ihnen.

Erstaun'! Die Königin kann tönen
und Zeichen geben Töchtern, Söhnen.
Das Tüten, Quaken heißt Alarm,
wenn alt von jung sich trennt im Schwarm. ▷

*Schnell teil' das Volk mit leichter Hand,
bevor es außer Rand und Band!
Nur schimpfe nicht mit deinen Bienen,
die's weder hören, noch verdienen.*

*Fernab vom Lärm und dem Getue
will auch der Imker seine Ruhe.
Vergnüglich schmaucht er seine Pfeife
und hört nicht hin nach dem Gekeife.*

*Der Nachbar schreit: Ich hab 'nen Stich!
Der Imker denkt: Wann schreie ich?
Schimpfworte gehen hier verloren,
die Bienen haben keine Ohren.*

□

. . . halten keinen Schlaf

Die Bienen halten keinen Schlaf,
wie etwa Pferd und Ochs und Schaf.
So emsig auch am Tag ihr Tun,
sie können selbst des Nachts nicht ruh'n.

Das läßt sich doch wohl kaum erklären,
mit Bienenfleiß und and'ren Mären.
Es deutet hin — wir sagen es genauer —
auf der Insekten kurze Lebensdauer.

Bei schönem warmen Sonnenschein,
da tragen uns're Bienen ein
den Blütenstaub und Blütensaft.
Viel wird in kurzer Zeit geschafft.

Gibt reiche Nahrung diese Tracht,
wird keine Pause erst gemacht.
Es ist erstaunlich, was an solchen Tagen,
die Bienenvölker da zusammentragen.

Der Blütensaft wird nun geschickt
sofort zu Honig eingedickt.
Man saugt ihn in den Honigmagen,
so wird er ständig umgetragen.

Der Wasserdampf wird — wie man sagt —
durch Fächeln aus dem Stock gejagt.
Das, was von Bienen eifrig ward' geschluckt,
wird endlich Honig, ein Naturprodukt.

▷

Ob Tag, ob Nacht — ist wirklich gleich
in solchem kleinen Bienenreich.
Im Bienenstock ist's auch am Tage,
wie nachts so dunkel — ohne Frage.

Wenn draußen ist das Wetter schlecht,
ist drinnen jede Arbeit recht.
Brutpflege, Wachs bereiten, was es sei,
erfordert Wachsein, ohne Träumerei!

Wie kommt es nur, fragt sich der Laie,
am Morgen fliegen sie ins Freie.
Und keiner merkt, was sie gemacht
in der durchwachten letzten Nacht.

Dies Rätsel läßt sich niemals lösen,
wenn man nichts ahnt vom Bienenwesen.
Das Einzelbienchen ist ein Nichts und arm,
es ist ein unselbständig Teil vom Schwarm.

Das Herz in uns'rem Körper schlägt,
arbeiten Lung' und Leber unentwegt
tagein, tagaus und nachts dazu
und kein Organ kommt je zur Ruh:

So ähnlich pulst im Stock das Leben,
als sei das Volk ein Körper eben.
Und wie ein Organismus alles bindet,
die Bienenschar von selbst zur Einheit findet.

▷

Die Bienen? Nein! Das Volk ist wichtig
und ob die Königin auch richtig.
Und wieviel Drohnen sind dabei,
kurz, ob die Stimmung günstig sei.

Der Imker zählt nicht seine Bienen,
er zählt die Völker, die ihm dienen.
Ein kräftig Volk geht gerne stark in Brut,
und, wenn's nicht schwarmgestört, dann ist es gut.

Zwar schlafen niemals uns're Bienen,
doch Bummelei herrscht auch bei ihnen.
Wenn erst das Volk ans Schwärmen denkt,
der Sammeltrieb wird abgelenkt.

Die Königin nicht stiften will
und auch der Wabenbau liegt still.
Was soll der Imker da anstellen?
Das Volk steckt voller Weiselzellen!

Und was erklärt solch's faule Dösen?
Wer kann uns dieses Rätsel lösen?
Flugfähig will die Kön'gin sein,
das Volk stellt sich auf Teilung ein.

Gebären will's, den Schwarm entbinden,
die Triebe drum ihr Ende finden.
Vermehrung — ungeschlechtlich — darin steckt,
Ablegerbildung die Natur bezweckt.

▷

Und kommt der Winter hart und kalt,
wer fällt in Winterschlaf alsbald?
Die Wintertraube stellt sich her,
dämpft ihres Körpers Wärme sehr.

Das Individuum allein
scheint uns das Bienenvolk zu sein.
Die Immen nicht dem Schlafe sich ergeben,
sie führen — wie gesagt — kein Eigenleben.

Man meint: Die Bienen und die Schafe,
ernähren ihren Herrn im Schlafe.
Doch schnarche, Imker, nicht zu sehr,
sorg' für die Bienenweide mehr!

Das Volk will täglich Nahrung haben,
sonst zehrt es von den Honigwaben.
Du sollst mit Tracht die Bienen stets verwöhnen,
damit sie nicht an's Gähnen sich gewöhnen.

□

. . . bilden keinen Staat

Die Bienen bilden keinen Staat,
der sorgt, daß alles Ordnung hat.
Kein Fürst, auch nicht die Königin,
lenkt der Gemeinschaft eig'nen Sinn.
Und dennoch funktioniert recht gut,
was sich im Bienenstocke tut.

Das Volk, wie man es üblich nennt,
besitzt auch nicht ein Parlament.
Kein Arbeitsamt, kein Amtsgericht
und kein Gesetz hat hier Gewicht.
Und dennoch: Dieser Bienenfleiß
ist immer da, wie jeder weiß.

Die Bienen, Kinder der Natur,
sie folgen ihren Trieben nur.
Der Selbsterhaltung dienen diese.
Drum fliegen sie in Wald und Wiese,
wann immer nur die Sonne lacht
und leuchtend lockt der Blüten Pracht.

Nur einer kann die Bienen lenken,
kann für sie sorgen, für sie denken,
daß sie nicht schwärmen in der Tracht,
daß Krankheit keine Sorgen macht,
daß stets der Wabenbau ist jung:
Der Imker hält das Volk in Schwung.

▷

Der Imker erntet Honig zwar,
doch reicht er Futter jedes Jahr,
daß nach der kalten Jahreszeit
die Bienen wieder sind bereit.
Der Imker — zwar kein Staatenlenker —
sei ein gewissenhafter Denker:
Soll'n unsere Bienen überleben,
so gehts nicht ohne Imker eben.

□

. . . kennen keinen Herrn

Die Bienen kennen keinen Herrn,
auf dessen Wink sie freudig hör'n.
Sie stechen, wenn es nötig ist,
auch ihren Imker, wie ihr wißt.
Von Rücksichtnahme keine Spur,
sie leben frei in der Natur.

Das Haustier frißt uns aus der Hand,
den Bienen ist das unbekannt.
Mit Peitsche und mit Zuckerbrot,
noch keiner ihnen je gebot.
Auch Dankbarkeit ist ihnen fremd,
weil Lob und Tadel sie nicht hemmt.

Woran das liegt, ist sonnenklar,
kontaktarm scheint die Bienenschar.
Doch nein, in großer Einigkeit
sind sie der Freundschaft zugeneigt.
Den innigsten Kontakt sie pflegen
mit ihresgleichen allerwegen.

Zur Umwelt zähl'n Dich Deine Bienen,
die störend ist, denn ihnen dienen
nur Blüten, Wasser, laue Luft,
Süßstoffe und ein guter Duft.
Dich zu begreifen, bester Mann,
fehlt Deinen Bienen das Organ.

Der Imker muß die Bienen kennen,
weil sie ihn nicht erkennen können.
Er weiß, wie nah' beim Bienenstand
passiert zu Zeiten allerhand.
Sie stechen jeden, wer's auch sei,
gibt er nicht stracks die Straße frei. ▷

Doch steckst Du Deine Nase dreist
ins Flugloch, keine Biene beißt.
Die Sprungentfernung, merk' es Dir,
die Anflugstrecke fehlet hier.
Geh' dichter ran und Du wirst sehen,
man muß die Bienen nur verstehen.

Schlag' nicht nach Bienen, sitz' ganz still!
Das Bienchen gar nicht stechen will.
Im Netz der Spinne und im Haar
wird's todesängstlich, das ist klar.
Von Bienen wird gern das vermieden,
was nur zum Krieg führt, nicht zum Frieden.

Drum merk', der Hut behütet Dich,
das Kopftuch auch, vor manchem Stich.
Schütz' Deinen Bienenstand durch Hecken,
daß Dich die Bienen nicht gleich stecken.
Um ihnen nicht im Weg zu steh'n,
lenk' ihren Flug in dichte Höh'n.

Den Nachbarn stört Dein Imkern nicht,
wenn Bäume, Sträucher, hoch und dicht,
den Einflug hindern, Deine Immen
soll'n ihn durch Stechlust nicht verstimmen.
Sie soll'n ihm durch Befruchtung nützen,
und nur wo's blüht, da soll'n sie sitzen.

Nach § 906,
so steht's im bürgerlich' Gesetz,
kann Bienenhaltung nicht verbieten
der Nachbar — auch in Wohngebieten.
Ja selbst der Bodennutzungsplan
den Imker nicht vertreiben kann. ▷

Wenn nur die Immission beschränkt,
die Bienenstraße abgelenkt.
Denn was ortsüblich muß ertragen
der Nachbar, ohne drum zu klagen.
Ein Bienenstich — wer hat ihn gern? —
muß Nachbarschaft nicht gleich zerstör'n.

Im Grünen wohnen heute viele,
sie fliehen Lärm und Stadtgewühle,
sie wollen ohne Störung leben
— verständlich — doch das gibt es eben
am Busen der Natur so gänzlich nicht.
Die Wespe, Mücke, Biene sticht.

Den Tieren ward im Paradies
kein Baum verboten — ganz gewiß.
Ein jeder Garten blüht seitdem
für alle Bienen höchst bequem.
Kannst, Nachbar, nicht den Zutritt sperr'n.
Die Bienen kennen keinen Herrn.

□

Blühendes Gehölz

*Nur grün ist grau für uns're Biene,
selbst wenn die Sonne freundlich schiene,
denn ohne Blüten ist Natur
ein fades Überbleibsel nur.
Grünflächen sind doch nur Ersatz!
Wär nicht für Buntgehölz noch Platz?
Man schafft zwar Landschaftsschutzgebiete,
doch ist's kein Freibrief, das, was blühte,
in and'rem Raume auszurotten
und so die Schöpfung zu verspotten.*

*Wenn Baumalleen sterben müssen
und Neuanpflanzung wir vermissen,
darf die Verwaltung so entscheiden
und muß der Bürger solches leiden?
Der Umweltschutz ist gar nichts wert,
wenn man die Forderung nicht hört,
die für den Ausfall, der geschehen,
ein Neubeginnen möchte sehen,
die mit dem Kahlschlag nicht zufrieden
und für die Zukunft denkt entschieden.*

*Wer ohne Herz übt arge Pflicht,
der taugt für Umweltfragen nicht.
Denkt bitte auch an uns're Bienen,
die unverzichtbar allen dienen.*

Gestochen

*Ich hab 'nen Stich, ich hab 'nen Stich!
Ja, ist das denn nicht fürchterlich?
Das Biest stach mich ins Angesicht.
Wieso, warum? Ich weiß es nicht.*

*Ich bin ein stiller, ruh'ger Mann,
der keinem Tier was tuen kann.
Der Imker sagt: Er sei nicht schuld.
Jetzt platzt mir aber die Geduld.*

*Du hast 'nen Stich? Du hast 'nen Stich?
Das ist doch gar nicht fürchterlich.
Nun halte doch mal Deinen Mund!
Bei Rheuma ist es sehr gesund.*

*Auch wenn der Arzt ein Serum spritzt,
ein kleiner Schmerz Dir reichlich nützt.
Ich werd' Dir etwas Honig schenken,
wirst nicht mehr an den Ärger denken.*

*Ich hab 'nen Stich, ich hab 'nen Stich.
Ich meine, das ist ärgerlich.
Gefallen laß ich es mir nicht,
ich geh' sofort auf das Gericht.*

*Das wollen wir doch einmal sehen,
so kann es doch nicht weitergehen.
Glaubt denn der Imker, ich bin dumm?
Die Bienen bringen mich noch um.*

Du hast 'nen Stich? Du hast 'nen Stich!
Dein Wehgeschrei ist lächerlich!
Auch einen Imker sticht die Biene,
ertrag's wie er mit ruh'ger Miene!

Bist Du allergisch, schlecht gelaunt?
Wer Dich so hört, ist sehr erstaunt.
Aus and'rem Grunde man so schreit.
Wahrscheinlich ist's bei Dir so weit.

Du hast 'nen Stich, doch was Dich sticht,
das weißt Du nicht, das weißt Du nicht.
Iß Honig, Freund, iß Honig täglich!
Der Bienenstich wird dann erträglich.

□

Unerfüllbare Wünsche

Du Wildling, sprach der Imkersmann,
fang nur nicht mit dem Stechen an.
Die Nachbarsleut' mit böser Miene
sehn dich nicht gern, du liebe Biene.

Du hast sie neulich erst gestochen.
Kein freundlich Wort wird mehr gesprochen.
Gewiß, du konntest nichts dafür,
flieg nicht dorthin, mein liebes Tier.
Nicht gar der Nachbarin ins Haar,
wenn sie kein Kopftuch trägt, nicht wahr!
Trink nicht aus Nachbars Vogeltränke,
es bringt nur Ärger, das bedenke!

Und wenn du schwärmst, sag' mir's vorher,
sonst störst du jene allzu sehr,
wenn du dich kühn in das Geäst
auf deren Bäumen niederläßt.
Wenn man dich fortjagt, nach dir schlägt,
flieg ruhig fort, bleib unbewegt.

Die edle Reinzuchtkönigin
ist deine Mutter, denk nur hin!
Dein Vater ein gekörter Drohn,
des besten Volkes stolzer Sohn.
Auf dieser Karte steht geschrieben,
daß du und alle deine Lieben
so fleißig im Ertrag, so milde,
ich hoffe sehr, du bist im Bilde. ▷

So summe, sammle, trage ein,
bestäube alle Blüten fein.
Nur steche nicht, die's nicht vertragen,
bei schwülem Wetter, warmen Tagen.
Benimm' dich, wie ein zahmes Tier,
das rat ich dir, das rat ich dir.

Man duldet nicht, wer sich so wehrt,
wenn man auch Honig gern verzehrt.
Nur theoretisch liebt man Bienen,
doch praktisch sagt man: Weg mit ihnen!
Ach, liebes Bienchen, friedlich sei,
sonst ist es aus mit Imkerei.

Mußt du zur Sanftmut dich bequemen?
Will man auf dich nicht Rücksicht nehmen?
Der Mensch hat Freiheitsrechte nur,
doch du die Rechte der Natur!

□

Vergiftung

Vor Raupen, Käfern, Faltern, Maden,
die Knospen, Blüten, Früchten schaden,
hieß es, die Pflanzen sicher schützen,
drum tät' mit Gift man tüchtig spritzen.
Die Bienen sollten überleben
— nicht üppig zwar — doch grad' so eben.

Dem Unkraut ging man auch zu Leibe,
des Klatschmohns Rot hat keine Bleibe,
der Kornblum' Blau man tilgt es aus,
eintön'ge Landschaft wurde draus.
Noch konnt' die Biene überleben
— nicht üppig, mein' ich — nur so eben.

Doch nun setzt man Hormone ein,
den Wuchs des Grases hält man klein,
das Kraut am Weg, den Löwenzahn,
man jetzt total vernichten kann.
Wie solln' die Bienen überleben?
Wahrscheinlich gar nicht, fürcht' ich eben.

Wenn alles, was am Wege blüht
mit gift'ger Brüh' wird übersprüht,
wird uns're Landschaft öd' und tot,
nicht nur die Bienen leiden Not.
Zerstört nicht sinnlos die Natur!
Wie es sich rächt, man ahnt es nur.

Euch ist die Erde anvertraut.
Wird dieser Reichtum abgebaut,
verpraßt, mißachtet und geschmäht,
bedenkt die Folgen, eh's zu spät!
Wo keine Biene leben kann,
fängt die moderne Wüste an.

Verdrängt nicht Bienen

Die Biene nimmt die Düfte wahr
mit vorgestrecktem Fühlerpaar.
Da helfen wenig ihre Augen,
um aus dem Blütenkelch zu saugen.
Sie riecht und fühlt die Nektarspeise,
die sie nun schlürft auf ihre Weise.
Vom Duft gelenkt zu gleicher Blüte
nutzt sie die so erprobte Güte,
nascht nicht vielleicht an and'rem Orte,
staubt ab mit Fleiß dieselbe Sorte.
Sie ist das einzige Insekt,
das Nektar „sammelt", nicht bloß schleckt.

Zur Bruternährung nicht allein
trägt sie soviel zum Stocke ein,
schleppt mehr herbei als dafür wichtig,
für echten Vorrat sorgt sie richtig.
Versteht doch endlich ihre Not:
Sie futtert nicht nur täglich Brot.
Für's Überleben heut' und morgen
schafft sie. Und was habt ihr für Sorgen?
Denkt ihr nicht weiter, was mal werde
aus der uns anvertrauten Erde?

Verdrängt nicht Bienen, duldet sie!
Sie stören selten oder nie!
Bewahrt vor Gift die Ackerkrume,
am Wegrand Klee und Butterblume.
Bemüht euch ernstlich: Schmückend bunt
soll bleiben Wald und Wiesengrund,
damit die Landschaft duftig diene
dem Menschen und der Honigbiene!

Hobby

Du meinst, die schöne Imkerei
sei nur ein Hobby — nebenbei.
So vier, fünf Völker hält man leicht,
fast ohne Müh' wird es erreicht.
Du irrst, weil Schwärme fort im Nu.
Der Honig fliegt nicht einfach zu.
Beobachtung, erprobtes Können
ist als Voraussetzung zu nennen.
Wer Hühner, Ziegen, Schweine hält
und einen Garten gut bestellt,
wer Tierzucht mit Erfolg betreibt —
auch wo sie ganz bescheiden bleibt —,
ist Produzent und sei es auch
nur für den eig'nen Hausgebrauch.
Wer hier von einem Hobby spricht,
der kennt die Bienenhaltung nicht.
Ein Hobby nützt allein dem Herrn,
womit er Freizeit hinbringt gern.
Die Imkerei erzielt Gewinn
für Mit- und Umwelt immerhin.
Mehr als der Imker ernten kann,
fällt allgemeiner Nutzen an,
hat solches eben mehr Gewicht:
Den Hobbyimker gibt es nicht.

Bienenfleiß

Die Bienen zeigen keinen Fleiß,
ihr „Eifer“ bringt sie nicht in Schweiß.
Sie schlecken Süßes blütenfrisch
und schmausen vom gedeckten Tisch.

Seit wann schlägt solche Nahrungssuche
als „Fleißarbeit“ bei uns zu Buche? —
Seit wir den Honig ihnen rauben
und drum an „Arbeits“-bienen glauben.

Was sie in den sozialen Magen,
den Waben, reichlich eingetragen,
wird nicht erzielt für Arbeitslohn —
der Mensch nur spricht von Produktion!

Wer Mensch und Biene so vergleicht,
ein Tierverständnis nie erreicht.

Rufmord

Die Biene gilt als Bösewicht,
wenn sie uns unvermutet sticht.
So hinterhältig, so gemein
kann nur ein wildes Raubtier sein.

So urteilt mancher arg verstimmt,
weil er's der Biene übelnimmt,
daß sie den Frieden hat gebrochen
und bös' ihn ins Gesicht gestochen.

Denk' einmal ruhig drüber nach,
warum Dich diese Biene stach.
Sie flog so emsig hin und her,
der Weg war frei, und nichts ging quer!
Doch als Du kamst — sie konnt's nicht sehen —
prallt sie auf Dich, da ist's geschehen.

Nicht Blutdurst oder Beutegier,
nicht einmal Angst vor Mensch und Tier
führt zu dem Stich in höchster Not
— und dabei findet sie den Tod.

Sie kann doch nur an Sonnentagen
in ihren Stock die Nahrung tragen,
wenn außerdem es grade blüht.
Dann stör' sie nicht, wenn sie sich müht.

Ein wenig Freiheit gönn' den Bienen,
die etwas Rücksicht wohl verdienen.

Illustrationen

Lithographie Seite 94: Professor A. Paul Weber, Ratzeburg

Photos

Seite 8
Archivbild der International Bee Research Association, Gerrards Cross, England

Seite 44, 52 und 53
Aus AID-Schrift Nr. 323 „Imker im Dienste der Umwelt"
Aufnahmen von Donald Waltenberger (DIB-Archiv).

Seite 33 oben
H. Döpke, Rahden

Seite 61 unten und 64 oben
G. Fuhrich, Lehrte

Seite 60 oben
M. Gäbler, Adensen

Seite 33 unten, 56 und 61 oben
G. Hagemann, Eldagsen

Seite 41
D. Waltenberger (DIB-Archiv)

Seite 49, 57, 60 unten, 64 unten
H. Nardmann, Osnabrück

Zeichnungen
K.-H. Weber, Bennigsen

Inhaltsverzeichnis

Einleitung 5

I. Teil — So sind die Bienen 9

Das Geheimnis des Bienenlebens 10
Der sogenannte „Bienenstaat“ 11
Soziale Gruppe oder sozialer Organismus? 13
Das Wesen des Bienenstocks 17
Die Lebenserwartung 18
Die Ordnung im Bienenstock 19
Wachstum und Fortpflanzung 21
Die Eigenarten des Bienenstocks 28
Körperliche Leistungen 28
Das Gehör 28
Die Haut 30
Die Körperwärme 31
Besondere Fähigkeiten 31
Die Nahrungsverwertung 31
Die Speicherung des Honigs 35
Die Entwicklung der Stichwaffe 35
Das Geschöpf in der Höhle 39
Die Eigenschaften der Honigbiene 42
Die Stammesgeschichte 42
Der Körper der Honigbiene 43
Die Körperteile des Kopfes 45
Die Körperteile der Brust 45
Die Körperteile des Hinterleibes 46
Die Sinne der Honigbiene 49
Sehen 50
Riechen und Schmecken 51
Hören und Fühlen 59

Die Reaktionen der Honigbiene 65
Das Ausweichen 69
Das Verharren 72
Der Angriff 74
Das Verhalten der Honigbiene 77
in der Umwelt 77
Das Flugverhalten 79
Das Abfliegen und Landen 79
Der Blindflug 80
Der Tiefflug 85
Die Flugschneisen 87
Die Spürbienen 87
am Bienenstand 88
Mensch und Biene 93
Verkehrsregeln bei der Begegnung 93
Der Bienenstich 99
Der Wespenstich 101
Die Bedeutung der Honigbiene 103
Der private Nutzen 109
Der volkswirtschaftliche Wert 110
Die ökologische Bedeutung 114
II. Teil — Das Bienenrecht 119
Das Lebensrecht der Honigbiene 120
Die Grundzüge des Bienenrechts 123
Die Haftpflicht des Bienenhalters 124
Das Nachbarschaftsrecht 130
Die Ortsüblichkeit der Bienenhaltung 132
Der Nachbarschaftsprozeß 133
Das Sachverständigengutachten 137
Die Bienenschutzverordnung 141
Das Bundesbaugesetz 142
Der Naturschutz 145
Allgemeine Rechtsvorschriften 146

III. Teil — Das Bienenleben in Versen

Imkerei	7
Honig	34
Vom Sinn des Lebens	106
Bienen in der Landschaft	115
Haustier	128
Erfolg der Klage	136
Die Bienen . . .	
. . . haben keine Ohren	150
. . . halten keinen Schlaf	152
. . . bilden keinen Staat	156
. . . kennen keinen Herrn	158
Blühendes Gehölz	161
Gestochen	162
Unerfüllbare Wünsche	164
Vergiftung	166
Verdrängt nicht Bienen	167
Hobby	168
Bienenfleiß	169
Rufmord	170